Teach Yourself
Languages

It's real, it's easy
and it's practical!

△ **Fun**
It makes learning
a language fun and fast.

global

"노느니 제3의 외국어"

여러분의 말랑말랑한
글로벌 비즈니스를 위해
미리 대비해 두십시오!
그것이 비록 애교 수준
정도일지라도 말입니다.

*It makes learning
a language
fun and fast*

○ **Quick**
It makes learning
a language fun and fast.

possibility

"하면 된다! 아니, 되면 한다!"

되면 하십시오! 되는 만큼만이라도
기꺼이 즐기면서 하십시오!
눈곱만큼 배우고 배 터지게 써먹을
방법을 알려드리겠습니다.

국가대표 스페인어 완전 첫걸음

저자_ 김수진

1판 1쇄 발행_ 2009년 11월 15일
1판 8쇄 발행_ 2015년 1월 21일

발행처_ 북커스베르겐
발행인_ 신은영

등록번호_ 제 313-2009-217호
등록일자_ 2009년 10월 6일

주소_ 경기도 고양시 일산동구 장항동 742-1 한라밀라트 B동 215호
전화_ (02)722-6826   팩스_ (031)911-6486

값은 표지에 있습니다.
ISBN 978-89-963283-2-2 14700
      978-89-963283-5-3 (세트)

이메일_ bookersbg@naver.com

북커스베르겐은 **옥당**의 외국어 출판브랜드입니다.

Take the Pleasure of Learning! It makes learning a language fun and fast.

Teach Yourself
Languages

It's real, it's easy
and it's practical!

A Self Teaching Guide

Languages!

Teach Yourself!

국가대표
스페인어
완전 첫걸음

Easy
It makes learning
a language fun and fast.

Fun
It makes learning
a language fun and fast.

Quick
It makes learning
a language fun and fast.

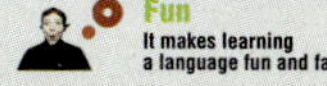

"나는 教養人間이다!"

주위엔 재미있고 자극적인 '꺼리'들이 넘쳐 납니다.
그럼에도 불구하고 수고스런 노력이 필요한
'교양'에 눈을 돌려야 하는 수만 가지 이유가 있습니다.

교양, 그 중의 으뜸은 외국어!

자투리 여가를 이용해서 스포츠 삼아 배우고
우아하게 티낼 수 있는 **교양인의 베스트 아이템,
바로 제3의 외국어**입니다!

"팍팍하십니까?"

그럴수록 '교양인간' 스럽게 사셔야 합니다.
몸에 배고 남아, 자연스럽게 티가 나는 게
바로 '교양' 이니까요.

막막하고 답답한 상황일수록
자신에게 투자해야 합니다.
준비하는 사람들에게 **'자신감은 덤'** 으로
굴러들어 옵니다.

target

It's 4 U!

이 책은 이 시대를 가로지를
이 땅의 **모든 대한민국 국민**,
특히 우리의 미래를 집적거릴
지적인 열혈 중고대딩,
그리고 **제3의 외국어와**
자발적으로 친해지고 싶어하는 분들을
골수 핵심 대상으로 합니다.

target

"대한민국 누구나
외국어 첫걸음
국가대표가 된다!"

요즘 생각이 좀 깼다 하는 사람들은
자발적으로 제3의 외국어를 시작한다네요 ... ヅ
외국어에 대한 부담은 싹 빼고,
편안함과 여유를 듬뿍 더했습니다.
대한민국 사람 모두를 위한 교양 있는 외국어 시간!
지금 바로 시작합니다!
'우리 시대 교양인의 비밀병기', 제3의 외국어!

"영어는 대략 모국어, 중국어 일본어는 제1 외국어,
요거 제대로 못하고, 절반도 못하면 국민도 아니랍디다!"

언제 한번 정말 땡겨서 배우고 싶었던 외국어가 있으셨나요?
옴짝달싹 못하고 배워야만 했던 언어영역 말고,
우아하고 여유롭게 느끼면서 터치할 수 있는
감성적인 제3의 외국어 친구들이 요기 있습니다.

내가 선택하고, 배우면서 맘이 뿌듯해지는 외국어가 있습니다.
세계와 내가 격식 없이, 편안하게 소통하기 위해 하나쯤 준비해두면 딱 좋을,
그래서 조만간 박차고 여행을 떠나
내가 아는 만큼이라도 자유롭게 써먹고 싶은 외국어!

"꽃보다 외국어!"

결정적으로 수출로 먹고 사는 나라,
그래서 '꽃보다 외국어'가 정답입니다.
유창하진 않아도 흉내만이라도
낼 수 있다면,
여러분의 글로벌 비즈니스는
훨씬 말랑말랑해질 것입니다.

possibility

"하면 된다! 아니, 되면 한다!"

되면 하십시오! 될 것 같은걸 하십시오! 무작정 들이대는 건 에너지 소모입니다.
눈곱만큼 배우고 배 터지게 써먹을 수 있다면 요딴 게 똘똘한 겁니다.

쉬운 것부터 배우고, 납득할 만한 수준까지만 배웁니다.
그 정도만으로도 써먹을 데가 차고 넘치니까요.

global

"제3의 힘!
글로벌 외국어!"

알파벳만 보고도 어떤 나라의
어떤 언어인지 알고,
사전만 있으면 얼추 번역이 되고,
자다 벌떡 일어났어도
간단표현과 인사 정도는 나눌 수 있다!
이 정도는 돼야
'말로만 글로벌' 을
면할 수 있다능 … ^0^

interest

"재미3아, 놀이3아,
제3의 외국어!"

독일제 자동차, 프랑스 명품 가방 …
몰고 달고 다니는 게 다가 아닙니다.
명품에 대한 애정이 손톱, 아니
아메바 비듬만큼이라도 있다면
그 나라와 문화 그리고 언어에 대한
관심도 가져주십시오.
**그렇다면 여러분이 제대로
우아하게 보일 것입니다.**

마이너스 마인드 맵!

아놔~! 막무가내식 마이너스 마인드 맵!

❶

인사표현만 달랑 배우고
넵따 때려칠 경우!
(인사표현 / 간단표현)

짤막짤막한 국가대표급 인사표현들을
만날 수 있습니다.
다른 건 몰라도 나라별로 언어권별로
인사말 정도는 챙길 수 있습니다.
한 발짝만 더 나아가서 간단한 표현 몇
가지를 기억해 둔다면
여러분은 '센스쟁이 교양인'으로 오해
받을 수도 있습니다! ʊ

그래도 이게 어딥니까?

-3m · mmm

❷ 알파벳만 배우고 곧바로 그만 둘 경우!
(알파벳 / 발음)

대부분의 유럽어는 알파벳을 기본으로 합니다.
영어 알파벳을 아는 대한민국 사람 누구든지
해당 언어의 알파벳을 새로 익히는 건 일도 아닙니다.
순식간에 '누워서 슈크림빵 먹기' 라고나 할까요.

알파벳을 안다는 것은 기본적인 발음법에
바짝 접근했다는 얘깁니다.
약간의 추가적인 규칙만 더 익히면 곧바로 문장을 읽을 수가 있죠.
뭔 내용인지는 몰라도 소리 내어 읽을 수 있다면,
이거야말로 뽀대 작살이죠.

그래도 이게 어딥니까?

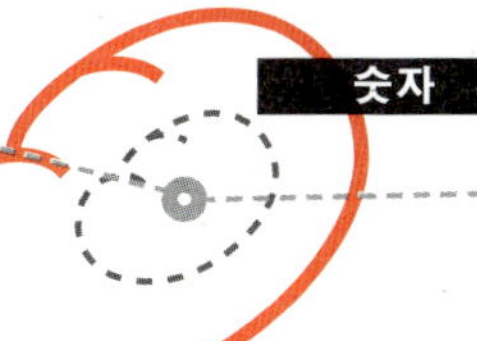

❸ 숫자랑 시간만 간신히 끝낼 경우!
(숫자 / 시간)

숫자를 알면 물건값, 밥값을 계산할 수 있습니다.
물론 작업 대상자의 핸폰 번호도 딸 수 있고요.
그리고 시간을 말할 줄 알면
현지에서 기차도 안 놓칠 것이고,
그녀와의 데이트 시간도 잡을 수 있겠습니다.
(여행 가면 급한 불은 끌 수 있다구~!)
숫자만 알아도 이렇게 되는 일이 많은데,
그렇다면 이게 어딥니까?

마이너스 마인드 맵! minus mind map
마이너스 마인드 맵은 학습자가 한
최소한의 학습량만으로 기대할 수 있는
학습 효과를 알려줍니다.

Take the Pleasure of Learning!
It makes learning a language fun and fast.

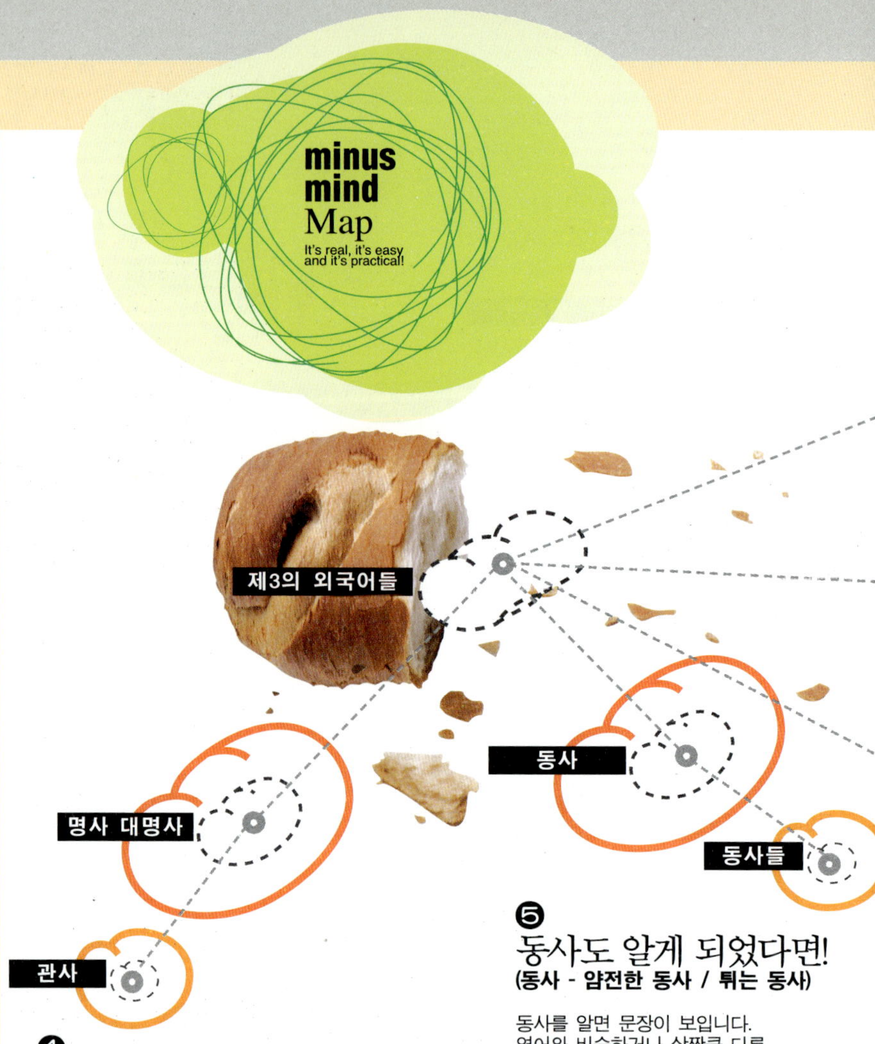

❺ 동사도 알게 되었다면!
(동사 - 얌전한 동사 / 튀는 동사)

동사를 알면 문장이 보입니다.
영어와 비슷하거나 살짝쿵 다른
동사들을 만나 조금씩 친해지시면,
완전한 문장을 만들고, 말하고
하는 것이 슬슬 가능해집니다.
바야흐로 행동과 관련해서
말할 수 있는 단계가 됩니다.

❹ 명사와 通했을 경우!
**(명사/대명사, 관사/정관사
-부정관사)**

명사의 앞에 나와 명사의 성격을 미리 알려주는 관사!
우리말엔 없어서 다소 낯설 수도 있지만,
관사를 만나면 명사와 더욱 확실하게 친해질 수 있습니다.
아기자기한 관사의 세계! 골라서 써먹는 재미가 있답니다.
이제부턴 이거다, 저거다 확실하게 말할 수 있습니다.

-3m - mmm

형용사

형용사들

❻ 형용사와 만나면!
(형용사)

여러분의 제3 외국어가 훨씬 예뻐질 것입니다.
알록달록한 형용사의 재미를 느낄 수 있답니다!

전치사

❼ 전치사는 짧다!
(전치사)

짧은 전치사 한마디가 긴 문장을
완벽하게 대신할 수 있습니다.
'전치사+몸짓, 발짓' 만으로 웬만한
소통이 가능합니다.
짧고 굵은 거 좋아하시면
전치사를 꽉 잡으세요!
단어 하나로 의사소통이 된다는데,
이게 어딥니까?

나머지 문법들

❽ 아뵤~! 그냥 끝까지 달려!
(나머지 문법들)

여기까지 배우셨다면 나머지 문법들을
마저 끝내십시오!
여기까지 왔는데 더하고 빼고 할 거 뭐 있어요!
그냥 끝까지 달려주쎄엿!

contents | Teach Yourself Languages

contents

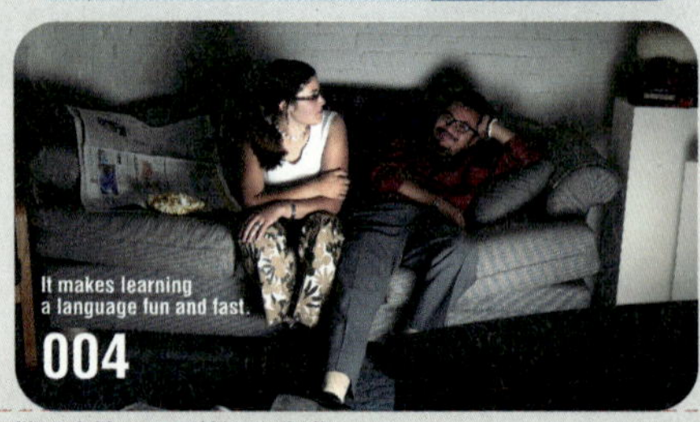

It's real, it's easy and it's practical!

contents | Teach Yourself Languages

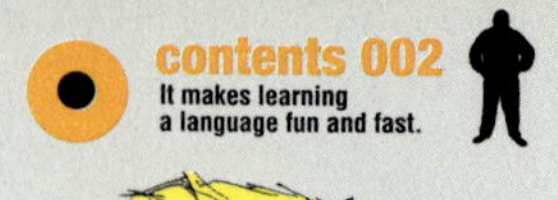

contents

It's real, it's easy and it's practical!

Take the Pleasure of Learning!
It makes learning a language fun and fast.

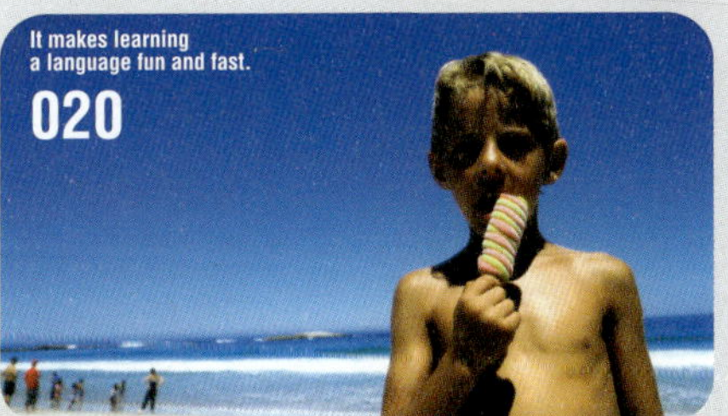

contents | Teach Yourself Languages

contents — Teach Yourself Languages

It's real, it's easy and it's practical!

It makes learning
a language fun and fast.
025.

what's
It makes learning
a language fun and fast.
026

It makes learning
a langbage fun and fast.
027

It makes learning
a language fun and fast.
028

It makes learning
a language fun and
029

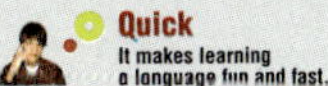
Quick
It makes learning
a language fun and fast.

Evita
Mamá mía
Casablanca
La Bamba
Carmen

Easy
It makes learning
a language fun and fast.
Fun
It makes learning
a language fun and fast.
Quick
It makes learning
a language fun and fast.

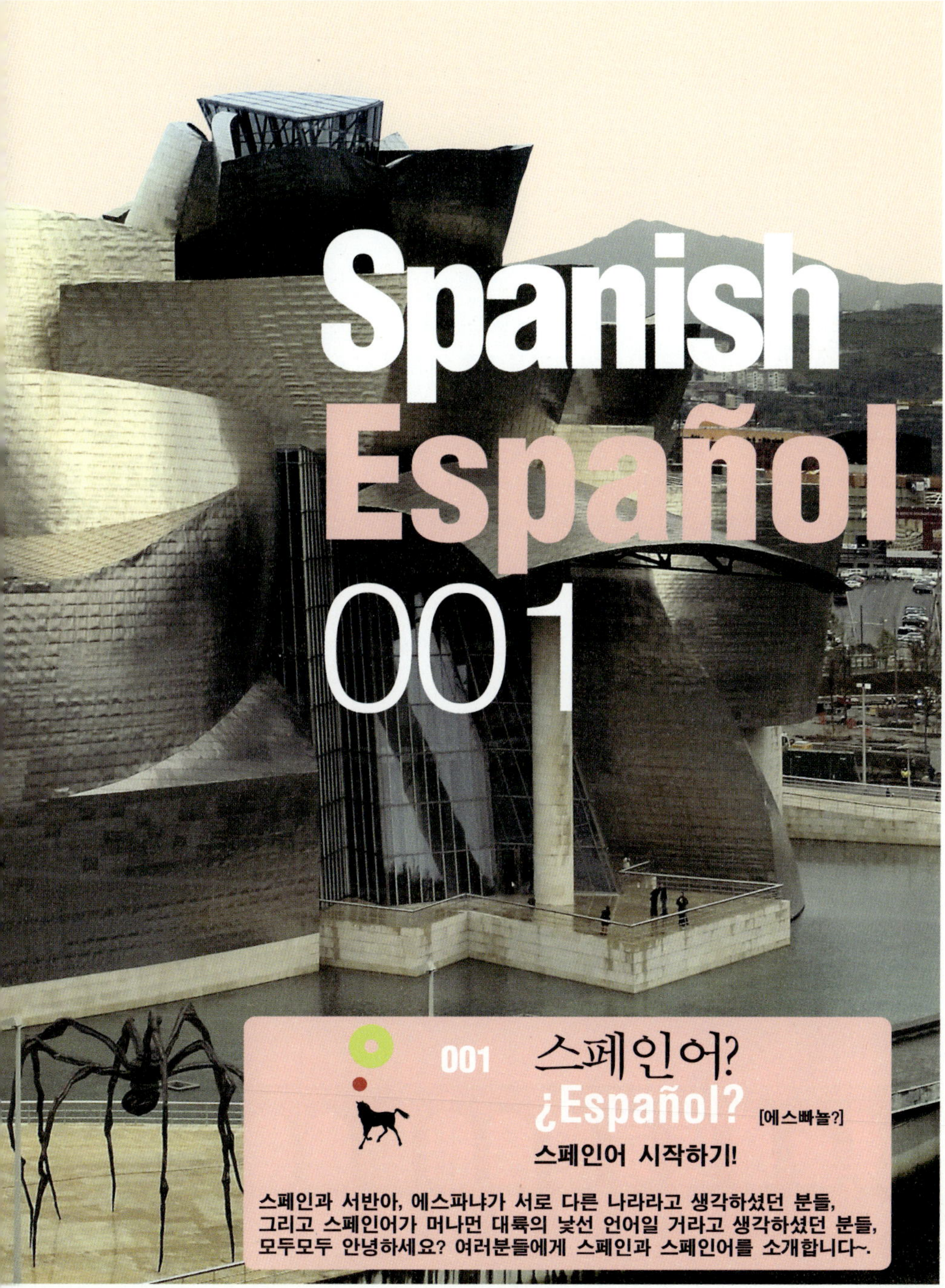

Spanish
Español
001

001

스페인어?
¿Español? [에스빠뇰?]
스페인어 시작하기!

스페인과 서반아, 에스파냐가 서로 다른 나라라고 생각하셨던 분들, 그리고 스페인어가 머나먼 대륙의 낯선 언어일 거라고 생각하셨던 분들, 모두모두 안녕하세요? 여러분들에게 스페인과 스페인어를 소개합니다~.

TPL ^L^ Take the Pleasure of Learning! It makes learning a language fun and fast.

정말 대단한 걸~ 스페인어!

¡Hola, amigos! [올라, 아미고스!]
(친구들 안녕? **Hola** 는 영어의 **Hi!** 에 해당됩니다.)
여러분 안녕하세요? 지금 이 순간부터 즐거운 배움의 길을 함께 갈 여러분이니 친구라고 불러도 되겠지요? *0*
어쩌면 스페인과 에스파냐가 서로 다른 나라라고 생각하고 계셨을지도 모르는 여러분들이 과감히 스페인어 정복에 도전하신 것을 우선 축하드립니다. 축하 받을 일이냐고요? 물론입니다. 유럽 남단의 스페인과 멕시코에서 과테말리, 에콰도르, 콜롬비아, 아르헨티나, 우루과이, 파라과이 등을 거쳐 칠레에 이르는 라틴아메리카 이십여 개국, 그리고 미국 내 수많은 히스패닉에 이르기까지 4억 이상의 인구가 사용하고 있는 스페인어는 영어를 제외하고는 (물론 단일 언어 사용국가인 중국은 제외한 숫자입니다.) 세계에서 두 번째로 많은 사용자 수를 자랑하는 언어이기 때문입니다. 말하자면 여러분도 당당히 세계 제2대 언어의 사용자 대열에 들어서셨다는 말씀입니다! 그러니 축하 받을 만하지 않겠습니까? 또한 미국이나 캐나다에서는 가장 중요한 필수 제2외국어로 자리 잡고 있는 스페인어에 과감히 도전하신 여러분을 환영합니다.

(**España** [에스빠냐] 스페인, **español** [에스빠뇰] 스페인어, **Europa** [에우로빠] 유럽,
América Latina [아메리까 라띠나] 라틴아메리카, **Bienvenida** [비엔베니다] 환영)

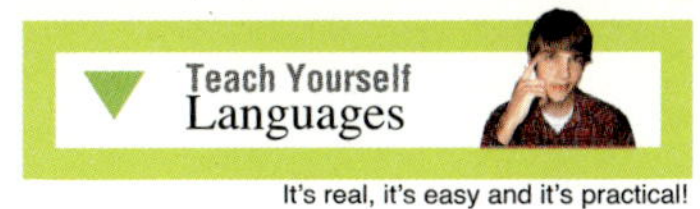

스페인어, 알고 보니 우리 곁에 있었네!

아니? 스페인어가 정말로 그렇게 널리 사용되고 있다고요? 글쎄…… 라고 고개를 갸우뚱하실 분들을 위해 심지어 우리 한국 땅에서까지도 우리가 미처 깨닫지 못하는 사이에 얼마나 많은 스페인어가 주변에 부유하고 있는지 한번 확인해보도록 하겠습니다.

그 이름도 유명한 콜럼버스, 많이 들어보셨지요? 오백여 년 전, 서쪽으로 서쪽으로 항해하다보면 인도가 나올 거라는 믿음을 가지고 미지의 신세계를 찾아 거센 풍랑과 온갖 위험에도 불구하고 범선에 올랐던 스페인 출신의 개척자였습니다. 그가 인도인 줄 알고 얼떨결에 아메리카라는 신대륙을 발견한 뒤 황금과 맛난 먹을거리를 잔뜩 가지고 귀향한 덕에 당시로서는 진귀하고 맛있는 신대륙의 음식들이 유럽에 소개되었고, 그 영향은 우리에게까지 미쳐 한국인의 일상 속에서도 맛있는 간식거리를 비롯해 다양한 스페인어 어휘를 발견할 수 있기에 이르렀습니다. 물론, 영어식으로 발음이 조금 '변질' 된 경우는 있지만요. 아마 알고 나면 '이게 정말 스페인어였어?' 라고 놀라실 겁니다.

chocolate [초콜라떼] : 초콜릿이라고 부르지요.

chicle [치끌레] : 치클이라고 하던가요? 껌의 원료, '멕시코 천연 치클~' 많이 들어보셨지요?

café [까훼] : 마시는 커피도, 커피를 마시는 곳도 모두 카페!

tortilla [또르띠야] : 옥수수 가루와 밀가루로 만든 멕시코 빵으로 만두피와 비슷해요. 한국에선 '토티야' 라고 부르지요.

taco [따꼬] : 또르띠야에 이것저것 넣어 만든 일종의 샌드위치로 한국 젊은 이들 사이에 인기 만점이지요. 타코!

너무 먹는 것만 밝혔나요?
그럼 이건 어떠세요?

parasol [빠라솔] : 멋쟁이 여성들이 뜨거운 태양 아래 나갈 때 들고 다니는 '파라솔' , 바로 스페인어입니다!

Casablanca [까사블랑까] : 카사블랑카라고 부르죠. 험프리 보가트와 잉그리드 버그만이 주연했던 1940년대 흑백영화의 낭만이라니...

Carmen [까르멘] : 원래 스페인 여자 이름인데, 비제의 오페라로 널리 알려져 있죠? 정열의 카르멘!

Mamá mía [마마 미아] : '나의 엄마' 라는 뜻인데, 그룹 아바의 노래로 널리 알려졌고, 최근에는 값비싼~ 뮤지컬 '맘마 미아' 로도 유명하답니다.

Evita [에비따] : 역시 뮤지컬로 유명하고 미국의 여가수 마돈나가 주제가 Don't cry for me Argentina 를 불렀었지요. '에바' 라는 여성 이름을 귀엽게 부를 때 쓴답니다. '에비타 양~' 요렇게요.

La Bamba [라 밤바] : '빠라 바일라르 라 밤바 · __ ·' 기억 나시죠?

여러분께서 그토록 즐기시는 초콜릿과 껌, 그리고 향긋한 커피가 스페인어로부터 시작되었다니 놀랍지 않으세요? 그리고 이밖에도 스페인어인데도 불구하고 감쪽같이 영어로 둔갑한 경우들도 많답니다. 우리 교민이 무진장 살고 있는 캘리포니아의 '로스앤젤레스' . **Los Angeles** 이렇게 쓰지요. '천사의 도시' 라고들 하는데, 왜 '앤젤스' 가 아닌 '앤젤레스' 인지 궁금한 적 없으셨나요? 바로 스페인어의 '천사들' 이 **los ángeles** [로스 앙헬레스]이기 때문입니다. 한 때, 이곳에도 스페인 사람들의 발길이 닿았었음을 짐작케 하는 부분이지요.

뿐만 아니라, 세계적인 대문호 세르반테스 **Cervantes** [쎄르반떼스]와 그의 좌충우돌 캐릭터 돈 키호테 **Don Quijote** [돈 끼호떼]도 스페인을 대표하는 이름들이지요. 아주 오래 전, 스페인어를 알기 전에 돈 끼호떼 **Don Quijote** 를 '동 키 호테' 라고 읽곤 했던 기억이 나네요. 무지의 소치였지요...

노벨 문학상에 빛나는 백 년 동안의 고독 **Cien Años de Soledad** [씨엔 아뇨스 데 솔레닷]의 가브리엘 가르시아 마르케스 **Gabriel García Márquez** [가브리엘 가르씨아 마르께스]가 스페인어 권 작가이기도 하지요. 또한 불멸의 화가 피카소와 미로, 벨라스케스가 스페인 태생이고, 매력이 철철 넘치는 '쾌걸 조로'의 안토니오 반데라스, 한국에도 다녀갔던 톰 크루즈의 옛 연인 '페넬로페 크루즈', 프리다 칼로를 연기한 '셀마 헤이엑' 이 각각 스페인과 멕시코 출신의 스타입니다.

너무 좋은 예만 들었나요? 물론 악역을 마다하지 않는 어휘들도 있답니다. 전 세계적인 이상 기온의 주역 '엘 니뇨' **el niño** 와 '라 니냐' **la niña** 도 각각 '남자 아이', '여자 아이' 를 의미하는 스페인어 단어거든요.

이 정도면 얼마나 스페인어가 우리 일상 속에 깊이 스며들어 있는지 상상하실 수 있겠지요?

LA CATALANA II
TALANA II
CAFE DE LA RIBERA
S
Teach Yourself
Languages
25

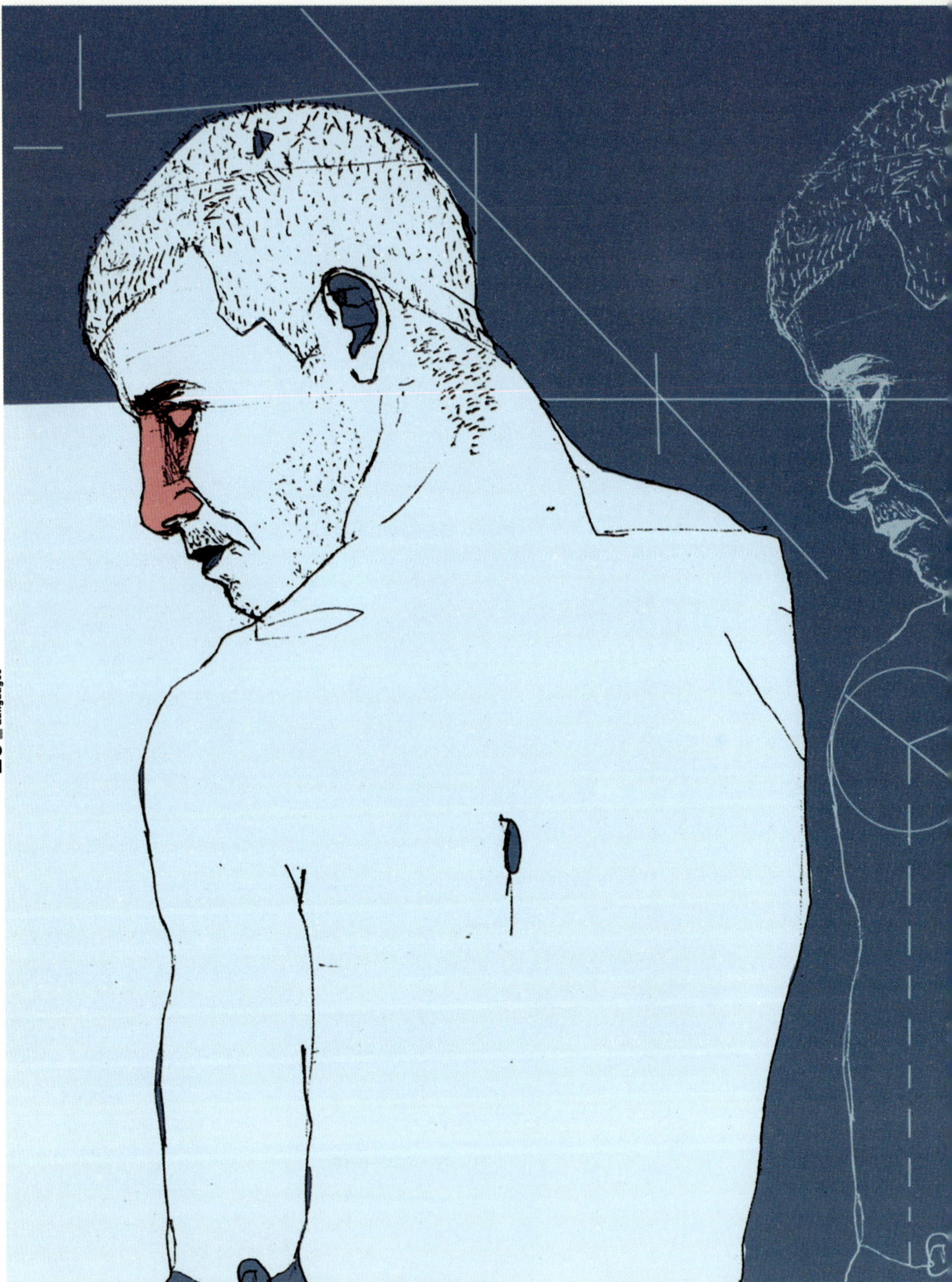

Easy
It makes learning
a language fun and fast.

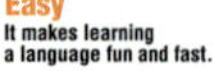

Fun
It makes learning
a language fun and fast.

Quick
It makes learning
a language fun and fast.

002

¡Hola!
¿Qué tal?

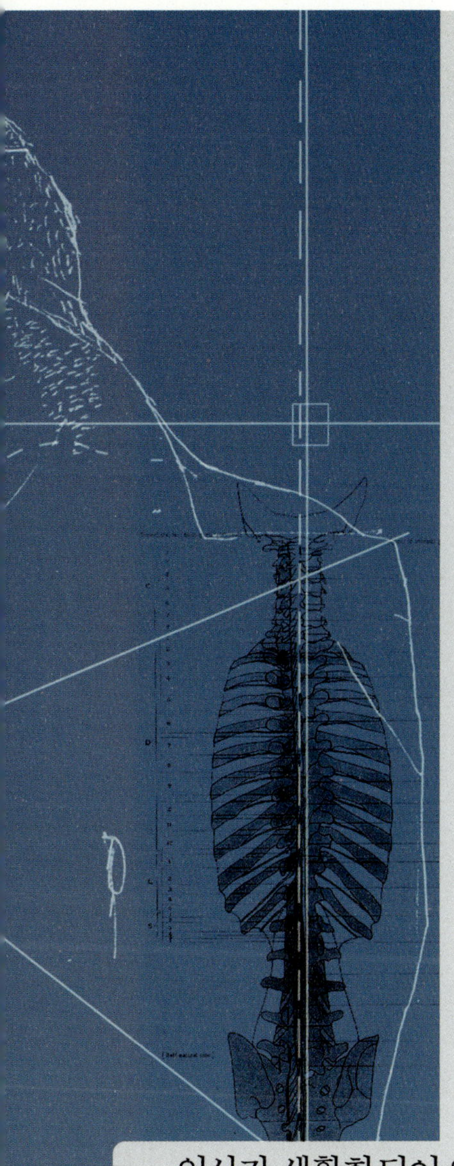

002

안녕? 어떻게 지내?
¡Hola! ¿Qué tal?
[올라! 께딸?]
만날 때 인사, 헤어질 때 인사

인사가 생활화되어 있는 스페인에서는 친구를 만나도,
엘리베이터에서 이웃을 만나도 반가운 미소와 더불어
간단한 인사를 나누게 됩니다. 문법적 지식도 중요하지만,
우선 만나고 헤어질 때 사용하는
인사말부터 알아보는 게 순서겠지요?

누군가를 만나면 반갑게 인사해요!
눈길만 마주쳐도...

알고 보니 스페인어가 그리 낯선 언어만은 아니지요? 그럼, 새삼 알게 되어 반가운 '스페인어'를 향해, 그리고 처음 만난 스페인 친구를 향해 인사 한마디 던져볼까요? 이제 친하게 지내야 할 테니까요.

우선 앞으로 새로 사귀게 될 그 어떤 스페인 사람에게라도 이것저것 생각지 않고 마음껏 써도 좋은 인사말들부터 섭렵해보도록 하겠습니다. 때와 장소에 상관없이 사용해도 되는 표현들이 바로 '안녕? 만나서 반가워!' 겠지요?

¡Hola!

[올라!] 안녕?

(영어의 **Hi!**에 해당됩니다.)

¿Qué tal?

[께딸?] 안녕? 안녕하세요?

(모든 사람을 대상으로 사용할 수 있습니다.)

¿Cómo está?

[꼬모 에스따?] 안녕하세요?

(존대어이므로 거리감이 느껴지는 대상, 처음 만나는 사람에게 쓸 수 있습니다.)

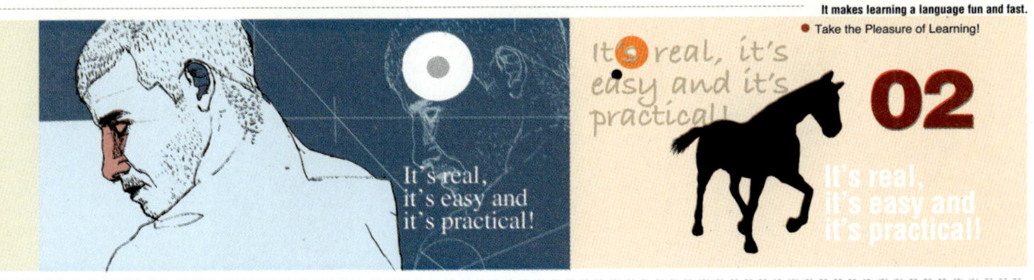

¿Cómo estás?

[꼬모 에스따스?] 안녕?

(존대어가 아니어서 가까운 사람에게 씁니다.

나이와 상관없이 친밀하게 느껴진다면 얼마든지 써도 좋습니다.)

¿Cómo están?

[꼬모 에스딴?] 여러분들 안녕하세요? 그분들은 잘 계시죠?

(안부를 묻는 대상이 여럿이거나 복수의 제3자일 때 씁니다.)

'적시에' 날리는 인사말들!

이런 인사말들은 하루 중 언제라도 쓸 수 있는 전천후 인사말입니다.
우리말의 '안녕하세요?' 가 아침이고 한밤중이고 상관없이 쓰이는 것처럼요.
하지만 영어에도 아침, 점심, 저녁 시간에 따라 다른 인사말을 교환하듯이
스페인어에서도 각각의 인사말을 사용하기도 합니다.

스페인어의 아침인사는 **Buenos días.** [부에노스 디아스.]입니다. **buenos** 는
'좋은' 이라는 뜻의 복수 형용사이며, **días** 는 '날', '낮' 이라는 뜻의 복수 명
사입니다. 영어로 하면 **Good morning.** 이 되겠죠.

오후나 저녁 인사도 마찬가지입니다.
(**tarde** [따르데] 오후, **noche** [노체] 밤)

Buenos días.

[부에노스 디아스.] 아침 인사

Buen día.

[부엔 디아.] 아침 인사

Buenas tardes.

[부에나스 따르데스.] 낮, 오후에 나눌 수 있는 인사

Buenas noches.

[부에나스 노체스.] 해진 후에 나눌 수 있는 인사

만나면 반갑다고 뽀뽀뽀~, 만나면 인사부터!

물론, 처음 누군가를 소개받거나 첫 인사를 나눌 때에는 기왕이면 만남의 기쁨을 표현해야겠지요? '아이쿠, 이거 만나 뵙게 돼서 반갑습니다~.'

참고로 이후에 나올 단어들에서 어미가 o(a) 로 처리된 것은 남성형은 o 로 끝나고, 여성형은 a 로 끝난다는 걸 의미합니다.
(gusto [구스또] 기쁨, mucho(a) [무초(차)] 많은, encantado(a) [엔깐따도(다)] 만족스러운)

Mucho gusto.

[무초 구스또.] 만나서 반갑습니다.
(남녀에 상관없이 쓸 수 있는 표현입니다.)

Encantado.

[엔깐따도.] 만나서 반갑습니다.
(상대방의 성별에 상관없이 남자가 하는 말)

Encantada.

[엔깐따다.] 만나서 반갑습니다.
(상대방의 성별에 상관없이 여자가 하는 말)

아쉬움을 담은 작별의 인사들!

이렇게 새로운 얼굴들과 반갑게 인사를 나누었지만 아직은 친구와 많은 대화를 나눌 만한 '형편'이 안 되는군요. 할 수 없이 넘치는 도전정신으로 후일을 기약하는 수밖에요. 일단 작별을 고하고, 일보 후퇴해 후일을 도모하도록 하겠습니다. '다음에 만날 때에는 최소한 내 소개 정도는 하리라...' 다짐하면서 말이죠.

¡Hasta luego!

[아스따 루에고!] 다음에 또 만나요! / 안녕!

¡Hasta pronto!

[아스따 쁘론또!] 곧 또 봐요! / 안녕!

¡Hasta mañana!

[아스따 마나나!] 내일 또 봐요! / 안녕!

¡Hasta la vista!

[아스따 라 비스따!] 다음에 만날 때까지! / 안녕!

¡Adiós!

[아디오스!] 안녕!

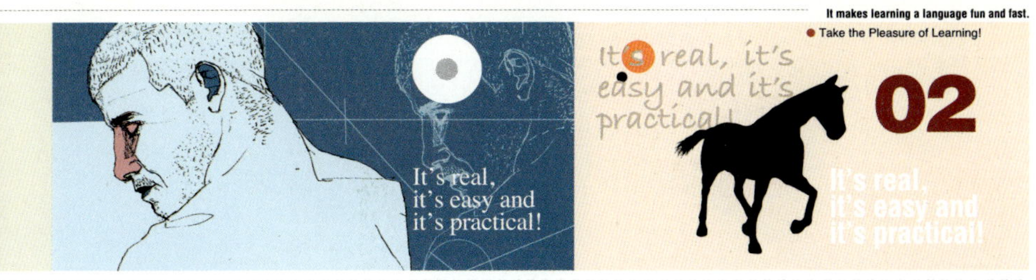

앞의 표현들은 다음이 언제일지 구체적으로는 알 수 없지만, 평상시에 친근하게 자주 사용할 수 있는 작별의 말입니다. 물론 구체적으로 만날 일시가 정해져 있는 경우에는 **¡Hasta lunes!** [아스따 루네스!] (월요일에 봐요!), **¡Hasta la semana próxima!** [아스따 라 세마나 쁘록시마!] (다음 주에 봐요!) 같은 표현도 사용할 수 있습니다.

그런가 하면 유럽의 많은 나라에서 공통적으로 통하는 또 다른 인사말이 있지요. 알아두면 꽤 유용할겁니다. 그건 바로 **¡Chao!** [차오!] (안녕!)예요. 남녀노소 누구에게라도 사용할 수 있는 말이랍니다. 자, 그러면 여러분,

¡Chao!

[차오!] 안녕!

Take the Pleasure of Learning! It makes learning a language fun and fast.

Spanish Español 1/7

Spanish **Español** 2/7

Spanish **Español** 3/7

Spanish **Español** 4/7

Spanish **Español** 5/7

Spanish **Español** 6/7

Spanish **Español** 7/7

003

알파벳부터 시작해요!

A, B, C... [아, 베, 쎄]

스페인어 알파벳, 자음과 모음, 악센트

천리길도 한 걸음부터라고 했습니다.
이제 초심으로 돌아가 스페인어의 알화베또(**los alfabetos**)부터
차근차근 공부하겠습니다.
스페인어 알화베또는 자음 5개와 모음 24개, 총 29개로 이루어져 있습니다.

스페인어, 너 누구냐?

사실 우리 한국어나 중국어는 척 보면 알아보지만, 영어와 유사한 알파벳을 사용하는 언어권의 개별언어들을 보면 도무지 어느 나라 말인지 가늠하기가 쉽지 않습니다. 하지만, 눈썰미 있다는 이야기 좀 들으셨던 분이라면 2과를 쭉 훑어보시면서 벌써 스페인어만이 갖는 특성 몇 가지를 발견하셨을 것 같네요.

뭐라고요? 오자 난 줄 알았다고요? 천만의 말씀! 스페인어에는 악센트가 들어가는 모음이 다섯 개, 즉 á, é, í, ó, ú 가 있고 다른 언어에서는 찾아볼 수 없는 ñ 라는 특이한 알파벳도 있습니다. 뿐만 아니라 감탄문과 의문문에는 문장 제일 앞에 거꾸로 뒤집힌 감탄부호와 의문부호를 하나 더 찍어준답니다. ¡세상에!, ¿정말 특이하지 않나요? 그러니 이런 문장이 발견되었다 하면 '인쇄사고' 가 아니라, 바로 스페인어! 이제 더 이상 '이거 도대체 어느 나라 말이야?' 라는 소리는 하지 않으시겠지요?

그럼 우선 스페인어의 알파벳부터 확인해볼까요? 영어와 아주 흡사하답니다.

A a 아 [ㅏ]	**B b** 베 [ㅂ]	**C c** 쎄 [ㄲ, ㅆ]
CH ch 체 [ㅊ]	**D d** 데 [ㄷ]	**E e** 에 [ㅔ]
F f 에풰 [ㅎ]	**G g** 헤 [ㄱ, ㅎ]	**H h** 아체 [무성음]
I i 이 [ㅣ]	**J j** 호따 [ㅎ]	**K k** 까 [ㄲ]
L l 엘레 [ㄹ]	**LL ll** 에이예 [(이)예]	**M m** 에메 [ㅁ]

N n 에네 [ㄴ]　　**Ñ ñ** 에녜 [녜]　　**O o** 오 [ㅗ]

P p 뻬 [ㅃ]　　**Q q** 꾸 [ㄲ]　　**R r** 에레 [ㄹ]

S s 에세 [ㅅ]　　**T t** 떼 [ㄸ]　　**U u** 우 [ㅜ]

V v 우베 [ㅂ]　　**W w** 우베도블레 [ㅂ, ㅜ]

X x 에끼스 [ㅅ]　　**Y y** 이 그리에가 [ㅣ]　　**Z z** 쎄따 [ㅆ]

기본적으로 스페인어는 알파벳 고유의 음가 그대로 발음됩니다.
예를 들어, **Aa** 는 우리말 [아]와 같은 발음이 나고 **Ee** 는 [에]와 같이 소리 난다
는 것입니다. 그 덕분에 영어와는 달리 사전을 아무리 뒤져봐도 발음기호가 적
혀있지 않습니다. 필요가 없기 때문이지요. 이렇게 소리가 나기 때문에 '한 시
간' 만 열심히 알파벳을 익히면 곧바로 문장을 읽을 수 있다는 장점이 있고요.
그뿐인 줄 아세요? 영어에서는 **b** 와 **v** 를 구분해 발음하는 일도 장난이 아니지
요. 누구는 네이티브 발음이네, 누구는 콩글리쉬네 하면서 말입니다. 하지만
스페인어만의 또 다른 '보~너스!' 가 있다면 그것은 **v** 도 **b** 와 똑같이 발음한
다는 것입니다. 빠~다 발라 굴릴 필요 없이 **v** 도 그냥 [ㅂ] 소리 내면 된다는
거지요. 다만, **f** 는 윗니로 아랫입술을 가볍게 깨물면서 소리 내는 치순음이니
주의하세요. 편의상 이 책에서는 발음기호를 'ㅎ' 으로 표기한다는 것도 기억
해주시고요. 아 참, **h** 는 어디에 끼어 있어도 소리가 나지 않아요. 있으나 마나
한 존재라고 한다면 **h** 가 섭섭해 할까요?

솔직한 모음과 자음

스페인어에는 다섯 개의 모음이 있습니다.
예전에 초등학생 시절 음악시간마다 목청껏 불렀던 '아에이오우~·＿·' 생각나시나요? 선견지명이 있으셨군요! 어린 시절, 벌써 스페인어의 모음을 익히고 계셨다니! 스페인어의 모음이 바로 **Aa** [ㅏ], **Ee** [ㅔ], **Ii** [ㅣ], **Oo** [ㅗ], **Uu** [ㅜ] 이렇게 다섯 개이거든요. 그래서 자음과 이 다섯 개의 모음을 조합하면 스페인어의 모든 소리를 자유자재로 낼 수 있습니다.

단! 모든 것에는 예외가 있는 법. 스페인어라고 다를 수는 없겠지요? **gue**, **gui**, **que**, **qui** 는 각각 [게], [기], [께], [끼]로 소리 납니다. 거의 유일한 예외라 할 수 있지요. 단, 예외의 예외도 있습니다. **gue**, **gui** 인데도 죽어도 [구] 소리 내고야 말겠다는 비장한 각오로 덤비는 단어가 있거든, 미운 놈 '점 하나 더 찍어준다' 는 심정으로 소리 내주세요. 요렇게 생겼거든요~ **güe** [구에], **güi** [구이]. 그런데, 모음 없이 자음 두세 개가 줄줄이 나온다든지 혹은 단어 맨 끝에 자음이 오는 경우, 이걸 어떻게 해결하면 좋을까 궁금하시지요? 그럴 땐 [ㅡ]를 붙여주세요. 말하자면 [ㅡ]는 거저 얹어주는 덤인 셈입니다. 앞서 보았던 **¡Hasta luego!** [아스따 루에고!]의 [스]와 **Buenos días.** [부에노스 디아스.]의 [스]가 바로 그런 예랍니다.

스페인어의 자음 역시 앞서 소개한 모음과 마찬가지로 생긴 그대로 소리 나는 그야말로 솔직한 아이들이랍니다. 다만 두 개의 다른 소리를 내는 자음이 몇 개 있지요. **Cc** 와 **Gg** 가 그 주인공입니다. **Cc** 는 모음 a, o, u 앞에서는 [ㄲ] 소리(즉 까, 꼬, 꾸)를 내고 e, i 앞에서는 [ㅆ] 소리(즉 쎄, 씨)를 내지요. 그런가 하면 **Gg** 는 모음 a, o, u 앞에서는 [ㄱ] 소리(즉 가, 고, 구)를 내고 e, i 앞에서는 [ㅎ] 소리(즉 헤, 히)를 낸답니다. 왜냐고요? 앞서 말씀드린 gue, gui, que, qui 와 발음이 같아 같은 소리를 낼 필요가 없기 때문입니다. 그리고 한 가지 더! 스페인어에만 있는 **ll** 와 **ñ** 는 각각 [이야, 이예, 이이, 이요, 이유]와 [냐, 녜, 니, 뇨, 뉴]로 발음하고, r 이 두 개 나란히 오거나 단어 첫머리에 r 이 오는 경우, 그 r 은 오토바이가 달릴 때의 소리 [부르르릉...]을 내줍니다. 즉 [ㄹㄹㄹㄹ...]로 발음한다는 것입니다. 길을 걷다가 오토바이가 눈에 띌 때마다 한 번씩 연습해보세요! 그럼, 자음과 모음을 모아서 한번 연습해볼까요? 익숙한 단어부터 한번 보도록 하죠.

Los Ángeles

[로스 앙헬레스] 로스앤젤레스

Chocolate

[초꼴라떼] 초콜릿

Cine

[씨네] 영화관

Guitarra

[기따ㄹ라] 기타

Calle

[까이예] 길, 거리

Rosa

[ㄹ로사] 장미

San Francisco

[산 프란시스꼬] 샌프란시스코

Café

[까풰] 커피

Gato

[가또] 고양이

Vergüenza

[베르구엔사] 수치심

Niño

[니뇨] 남자 아이

Niño

악센트는 세련됨의 척도!

그런데, 스페인어 모음 다섯 개 중 **Aa**, **Ee**, **Oo** [아, 에, 오]는 강모음이고 **Ii**, **Uu** [이, 우]는 약모음입니다. 이우~ 기죽어서 못 살겠네... 느닷없이 왜 강약을 말하느냐고요? 스페인어에는 모든 단어마다 한 군데씩 강세를 주어야 하거든요. 그렇지 않으면 전혀 다른 의미가 되기도 하고 또 강세가 제대로 들어가야 '세련된' 느낌을 더할 수 있는데, '패자는 말이 없다'고 약모음은 꼼짝 못하고 기죽어 있고, 늘 강모음에만 강세가 들어가므로 최소한 어느 것이 강모음인지는 알고 있어야 하기 때문입니다. 그리고 **n**, **s** 를 제외한 자음으로 끝나는 단어는 마지막 모음에, 모음 또는 **n**, **s** 로 끝나는 단어는 뒤에서 두 번째 모음에 강세를 준다는 것만 알고 있으면 됩니다. 물론 원래 악센트가 찍혀있는 단어에 대해서는 할 말 없어요. 무조건 악센트 찍힌 곳에 강세를 주는 수밖에.
한번 연습해볼까요? 밑줄 그은 모음에 강세를 주면서 읽어보세요.

¿Cómo está?
[꼬모 에스따?] 안녕하세요?

Encantada.
[엔깐따다.] 처음 뵙겠습니다.

¡Hasta luego!
[아스따 루에고!] 다음에 또 만나요! / 안녕!

Chao.
[차오.] 안녕! / 다음에 또 봐요!

Buenas noches.
[부에나스 노체스.] 안녕하세요? (밤에 하는 인사) 안녕히 주무세요!

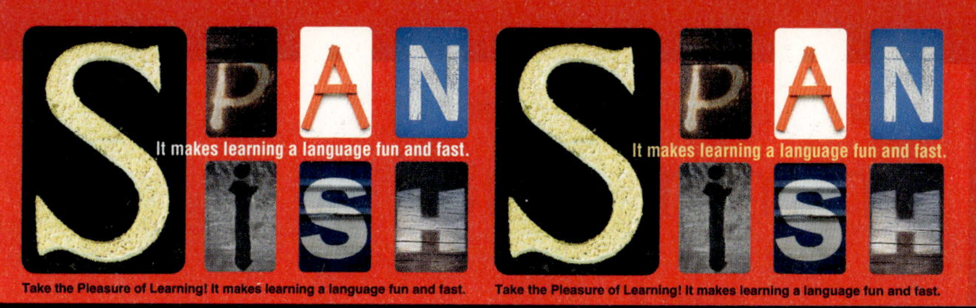

스페인어 발음 십계명!

미국 사람이나 프랑스 사람들에게 스페인어를 시켜보면 '부에나스 타르데스! 아스타 프론토!' 라고 발음합니다. 그들이 하는 우리말 발음, 아시지요? '만나서 팡카워요. 항쿡말 청말로 어려워요!' 뭐 이런 거요. 그들은 스페인어도 그렇게 발음합니다. 하지만 소리 나는 대로, 거기에 약간의 된 발음을 섞어 말하면 되는 스페인어 발음이 우리 한국 사람들에게는 그야말로 아무 문제가 안 되죠. 그래서인지 스페인 사람들도 프랑스 사람이나 미국 사람이 스페인어를 하면 대번에 외국인인줄 알아차리지만, 한국인이 병풍 뒤에 앉아 유창한 목소리로 멋진 스페인어를 들려주면 외국인인줄 모른다니까요! 한마디로 스페인어 발음, 영어나 불어와는 달리 한국 사람에게 딱! 안성맞춤입니다. 그러니 자신 있게 도전하시기 바랍니다. 그럼 이미 배웠던 것이지만, 다시 한번 간략하게 스페인어의 발음규칙을 열 가지로 정리해 보겠습니다.

❶ 스페인어는 알파벳 읽을 때의 발음 그대로 소리 납니다.
❷ 모음은 a [애], e [에], i [이], o [오], u [우]입니다.
❸ 자음 c 는 모음 a, o, u 앞에서는 [ㄲ] 소리를 내고 e, i 앞에서는 [ㅆ] 소리를 냅니다.
❹ 자음 g 는 모음 a, o, u 앞에서는 [ㄱ] 소리를 내고 e, i 앞에서는 [ㅎ] 소리를 냅니다.
❺ 자음 h 는 어디에 오든지 묵음입니다.
❻ 자음 v 는 b 와 똑같이 발음합니다.
❼ gue, gui, que, qui 는 각각 [게], [기], [께], [끼]로 소리 나고 güe, güi 는 각각 [구에], [구이]로 소리 납니다.
❽ n, s 를 제외한 자음으로 끝나는 단어는 마지막 강모음에 강세를 줍니다.
❾ 모음이나 n, s 로 끝나는 단어는 뒤에서 두 번째 강모음에 강세를 줍니다.
❿ 원래 악센트가 찍혀있는 단어는 악센트 찍힌 곳에 강세를 줍니다.

Easy
It makes learning
a language fun and fast.

Fun
It makes learning
a language fun and fast.

Quick
It makes learning
a language fun and fast.

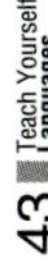

004

나는 한국인입니다.

Yo soy coreano. [요 소이 꼬레아노.]

주격인칭대명사, ser 동사

문장을 완성하는 데에는 기본이 되는 주어(주로 주격 인칭대명사)와 동사,
그리고 보어가 필요하지요.
다양한 인칭대명사와 영어의 **Be** 동사에 해당되는 **Ser** 동사,
그리고 간단한 형용사 몇 개만 알아도 기본적인 문장을 완성시킬 수 있습니다.
한번 도전해 볼까요?

Take the Pleasure of Learning! It makes learning a language fun and fast.

안녕? 잘 있었어?

우선 우리 수준에서 가능한 가장 간단한 문장을 만든 다음, 앞에서 익힌 스페인어 발음을 적용하여 읽어보도록 하겠습니다. 얼마 전, 겨우 인사말만 나누고 헤어진 아쉬움을 달래며 기다려온 두 번째의 만남. 이번만큼은 스페인 친구에게 나를 알려주고 싶습니다. 어쩌면 그 친구는 나를 일본 사람이나 중국 사람으로 생각할지도 모르니까요. 인사를 나눈 뒤 내 소개를 해보도록 하겠습니다. 우선 복습 삼아 지난번에 배웠던 인사말부터 건네야겠지요? **¡Hola, buenos días!** [올라, 부에노스 디아스!](안녕! 잘 있었어?) **¡Muy bien!** [무이 비엔!](아주 잘하셨습니다!, 영어의 **Very good!** 에 해당됩니다.) 인사말을 잊지 않으셨군요. 그럼, 이제 다음 단계로 가봐야겠지요? 우선 '나' 의 이모저모를 설명하려니 무엇보다 '나' 를 지칭하는 주격인칭대명사부터 살펴볼 필요가 있겠네요. 한번 보시지요.

나, 너, 그 사람, 그리고 당신...

스페인어로 '나' 는 **yo** [요], '너' 는 **tú** [뚜], '우리들' 은 **nosotros(as)** [노소뜨로스(라스)], '너희들' 은 **vosotros(as)** [보소뜨로스(라스)]입니다. 영어에서는 **I** 를 항상 대문자로 쓰지만 스페인어는 '나' 만 특별 취급하지는 않습니다. 그래서 모든 주격 인칭대명사가 문장 첫머리에 갈 때를 제외하고는 소문자로 쓰이지요. (문장 첫머리에서는 '나' 뿐 아니라 모든 단어를 대문자로 시작합니다.)

한 가지 특이한 것은 스페인어에도 우리말처럼 존대어가 있다는 것입니다. '너' 는 **tú** [뚜]라고 하지만 상대방을 존대하는 '당신' 은 **usted** [우스뗏], '당신들' 은 **ustedes** [우스뗴데스]라고 하거든요. 많은 경우 **usted** 은 **Ud.**, **ustedes** 는 **Uds.** 라는 약자를 사용해서 표기하기도 합니다. 요 약자는 문장 중간에 오더라도 늘 대문자로 쓰고요. 그렇지만 스페인어의 **usted** 사용법은 우리말의 존대어와는 좀 다릅니다. 스페인에서는 우리말과는 달리 할아버지와 손자 사이에서도 얼마든지 **tú** 를 사용할 수 있거든요. 말하자면 스페인어에서의 존대어는 나이에 따른 서열상의 차이보다는 친밀감의 정도에 따라 그 사용이 결정된다고 보면 되는 것입니다. 아주 공식적인 자리가 아니라면 보통은 초면에 **tú** 를 사용해도 크게 결례가 되지는 않습니다. 물론 라틴아메리카의 경우에는 같은 스페인어 사용권이라 해도 비교적 언어 사용이 보수적이라 **usted** 을 권장합니다! 스페인어의 인칭대명사를 정리해보면 다음과 같습니다. (**usted** 의 경우 실제로는 2인칭을 일컫지만, 어원을 거슬러 올라가면 3인칭의 의미를 담고 있으므로 해당 동사변화는 3인칭에 준합니다. 따라서 편의상 3인칭에 넣기로 하겠습니다. 앞으로도 쭈욱~이요!)

단수

yo [요] 나

tú [뚜] 너

él [엘] 그 / **ella** [에이야] 그녀 / **usted** [우스뗏] 당신

복수

nosotros(as) [노소뜨로스(라스)] 우리들

vosotros(as) [보소뜨로스(라스)] 너희들

ellos [에이요스] 그들 / **ellas** [에이야스] 그녀들 / **ustedes** [우스뗴데스] 당신들

스페인어의 인칭대명사와 관련하여 또 하나의 고마운 사실!!!
스페인어는 인칭대명사에 따라 동사가 전부 다른 형태로 변화합니다.

그러다 보니 '척 보면' 동사의 생김새로 주어를 알 수 있지요. 따라서 많은 경우 주어를 생략하는 경향이 있습니다. 참고하시기 바랍니다. 문장을 좀 더 간결하게 만드는 데 필요한 사항이니까요.

햄릿을 고민하게 만들었던 동사, ser!
불변의 진리를 내포하지만 그 형태만은 변화무쌍해요.

이번에는 주격인칭대명사, 즉 '주어' 와 더불어 하나의 문장을 완성하는 데 꼭 필요한 '동사' 를 살펴보겠습니다. 상대방에게 자신을 소개하고 자신의 정체성을 설명하는 데 가장 기본이 되는 동사는 뭐니뭐니해도 ser [세르](영어의 be동사) 동사입니다.

제7과와 제8과에서 자세히 배우겠지만, 스페인어의 동사들은 주격인칭대명사에 따라 다양한 형태로 변화합니다. 그러나 벌써부터 주눅 들 필요는 없습니다. 동사가 변화한다 해도 어미, 즉 꼬리 부분만 변할 뿐 어간, 즉 머리 부분은 원래의 모습을 지니고 있는 게 보통이고, 어미변화 속에도 나름의 정형화 된 틀이 있거든요. 그런데 '정체성의 대명사' 라 할 수 있는 ser 동사는 이름에 걸맞지 않게 도무지 원형조차 지켜내지 못하는 변화무쌍한 동사입니다. 즉, 동사변화 속에 ser...의 형태가 도대체 나타나지 않는다는 말입니다. 하지만 영어를 공부할 때에도 be... 형태라고는 손톱만큼도 들어있지 않는 be 동사를 am, are, is... 등으로 변화시키며 별 불만 없이 사용했었지요? 스페인어의 ser 동사 역시 마찬가지라고 생각해보세요. 어차피 붕어빵 속에서 붕어를 찾을 수는 없는 법이니까요...

ser 동사의 인칭대명사 별 동사변화는 다음과 같습니다.

단수
yo soy [소이]
tú eres [에레스]
él / **ella** / **usted es** [에스]

복수
nosotros(as) somos [소모스]
vosotros(as) sois [소이스]
ellos / **ellas** / **ustedes son** [손]

이제 '주어 + 동사' 를 엮었으니 마지막으로 그럴듯한 '보어' 를 하나 넣어주면 제대로 된 문장의 구색이 갖춰지겠네요. 한 가지 짚고 넘어갈 것은, 우리말에서는 '나는 한국인입니다.' 에서처럼 주어가 먼저 나오고 동사는 문장 맨 끝에 오지요. 하지만 스페인어의 어순은 우리말의 어순과는 반대입니다. '나는 + 입니다 + 한국인' 의 형태라는 거지요. 아래를 한번 보시겠어요?

Yo soy coreano.
[요 소이 꼬레아노.] 나는 한국인입니다.

그렇습니다. 어순이 '주어 + 동사 + 보어' 의 순인 것이지요. 물론 '보어' 의 자리에는 여러분들이 원하는, 자기 자신의 정체성을 드러낼 수 있는 다양한 어휘들을 집어넣을 수 있습니다. '한국인' **coreano** 라는 말을 넣어도 좋고, 각자의 이름을 집어넣어도 좋으며, 자신의 직업이나 자신의 특성을 담고 있는 다양한 형용사들을 넣어도 좋습니다.

자! **ser** 동사를 이용하여 '나는 삐리릭~ 이다' 라는 표현을 하실 수 있겠지요? 스페인어의 일반적인 어순은 한국어와는 반대로 '주어 + 동사 + 보어' 라는 점을 새삼 의식하면서, 다음 문장을 소리 내어 연습해보세요.
(**coreano(a)** [꼬레아노(나)] 한국인, **japonés(a)** [하뽀네스(사)] 일본인,
americano(a) [아메리까노(나)] 미국인)

Yo soy coreano.

[요 소이 꼬레아노.] 나는 한국인입니다.

Tú eres japonés.

[뚜 에레스 하뽀네스.] 너는 일본인이다.

Él es americano.

[엘 에스 아메리까노.] 그는 미국인입니다.

Ella es Yeona Kim.

[에이야 에스 연아-낌.] 그 여자는 김연아입니다.

Usted es Taehwan Park.

[우스뗏 에스 태환-박.] 당신은 박태환입니다.

이 외에도 국적을 나타내는 주요 형용사들로는 **español(a)** [에스빠뇰(라)](스페인 사람), **inglés(a)** [잉글레스(사)](영국인), **mexicano(a)** [메히까노(나)](멕시코인), **alemán(a)** [알레만(알레마나)](독일인), **chino(a)** [치노(나)](중국인), **ruso(a)** [루소(사)](러시아인) 등이 있습니다.

Nosotros somos mexicanos.

[노소뜨로스 소모스 메히까노스.] 우리들은 멕시코 남자들입니다.

Vosotras sois chinas.

[보소뜨라스 소이스 치나스.] 너희들은 중국 여자들이다.

Ellos son americanos.

[에이요스 손 아메리까노스.] 그들은 미국 남자들이다.

Ellas son americanas.

[에이야스 손 아메리까나스.] 그들은 미국 여자들입니다.

Ustedes son españoles.

[우스떼데스 손 에스빠뇰레스.] 당신들은 스페인 분이십니다.

그런데, 스페인어에서는 모든 사물이 남성 혹은 여성의 성을 가지고 있습니다. 물론 성 때문에 너무 걱정하실 필요는 없습니다. 나중에(제12과) 자세히 학습 하겠지만, 간단한 규칙에 의해 어떤 사물이 여성이고 남성인지 곧 구분할 수 있으니까요. 특히 원래 타고난 성에 대해서는 자연성 그대로의 성을 부여하고 있습니다. 앞에 나오는 **coreano, japonés, americano** 는 모두 남성명사입니 다. 따라서 만일 여성이 '나는 한국(여)인입니다.' 라는 말을 하고자 할 때는 명 사 끝의 모음 **-o** 를 **-a** 로 바꿔주거나 바꿀 모음이 없으면 그냥 **-a** 를 덧붙여주 면 됩니다. 다시 말해 **Yo soy coreana.** [요 소이 꼬레아나.]라고 하면 되는 것 이지요. 같은 맥락으로 남학생은 **alumno** [알룸노], 여학생은 **alumna** [알룸나] 라고 하고, 남자 친구는 **amigo** [아미고], 여자 친구는 **amiga** [아미가]라고 하 면 됩니다. 명사의 성과 수에 대한 자세한 내용은 제12과에서 다시 공부하도록 하겠습니다. 다만, 이제 자신의 국적을 밝히고 이름을 말하는 등 간단한 자기 소개가 가능하게 되었으니, 대화를 다음으로 이끌어 나가기 위한 가장 편리한 방편으로 여러분의 직업을 소개해보면 어떨까 싶네요. 여러분의 직업은 무엇 입니까? 국적이나 이름과 마찬가지로 **Yo soy …** 방식으로 문장을 만들어보면 됩니다.

(**cantante** [깐딴떼] 가수, **enfermera** [엔훼르메라] 간호사, **maestro** [마에스뜨로] 교사 **empresario** [엠쁘레사리오] 기업인, **actor** [악또르] 배우, **abogado** [아보가도] 변호사, **comerciante** [꼬메르씨안떼] 상인, **artista** [아르띠스따] 예술가, **deportista** [데뽀르띠 스따] 운동선수, **médico** [메디꼬] 의사, **autor** [아우또르] 작가, **estudiante** [에스뚜디안 떼] 학생, **funcionario público** [훈씨오나리오 뿌블리꼬] 공무원, **turista** [뚜리스따] 관 광객)

Yo soy turista.

[요 소이 뚜리스따.] 저는 관광객입니다.

Yo soy comerciante.

[요 소이 꼬메르씨안떼.] 저는 상인입니다.

Yo no soy japonés.

Easy
It makes learning
a language fun and fast.

Fun
It makes learning
a language fun and fast.

Quick
It makes learning
a language fun and fast.

005

나는 일본인이 아닙니다.
Yo no soy japonés (japonesa).
[요 노 소이 하뽀네스(사).]

의문문 만들기, 부정문 만들기

살다 보면 '아니요!' 할 일도 많고,
'그러세요?' 할 일도 많습니다. **Yes** 도 중요하지만
'아니요' 를 분명히 표현하는 것도 때론 공연한 문제를
만들어내지 않는데 꽤나 중요한 일일 겁니다.
뿐만 아니라 한없이 솟구치는 호기심을 해결하기
위해서는 묻고 답하기에 익숙해져야겠지요?
간단히 의문문과 부정문 만드는 방법을 익혀보세요~.

Take the Pleasure of Learning! It makes learning a language fun and fast.

'너 스페인 사람이니?'

이제 나를 간단하게나마 소개하고 나면 상대방에 대해서도 알고 싶어지는 게 인지상정이겠지요. 질문을 하는 방법은 다양한데, '육하원칙'에 따르는 것이 기본이겠지만 (의문사를 사용한 의문문은 제6과 참조) '당신은 스페인 사람입니까?' 와 같은 경우에는 의문사 없이 그저 평서문의 주어와 동사의 위치를 바꾸어주는 것만으로도 얼마든지 의문문이 될 수 있습니다. 물론 끝을 살짝 올려주는 센스를 발휘해야겠지요? 그럼 우선 평서문과 의문문의 형태를 잠시 비교해보겠습니다.

Tú eres español.

[뚜 에레스 에스빠뇰.] 너는 스페인 사람이구나.

¿Eres tú español?

[에레스 뚜 에스빠뇰?] 너는 스페인 사람이니?

아주 간단하지요? '주어 + 동사 + 보어 = 평서문' 이라면 '¿동사 + 주어 + 보어? = 의문문' 이 되었으니까요. 물론 굳이 주어와 동사의 순서를 바꾸지 않고 그저 평서문의 꼬리만 살짝 올려줘도 의문문의 역할을 하기도 합니다.

Tú eres española.

[뚜 에레스 에스빠뇰라.] 너는 스페인 여자로구나.

¿Tú eres española?

[뚜 에레스 에스빠뇰라?] 너는 스페인 여자로구나?

그러나 기왕이면 제대로 '의문문' 만들기에 돌입하는 게 바람직하겠지요. 또한, 앞서 언급했듯이 의문사를 사용해서도 의문문을 만들 수 있는데, 의문사가 매우 다양하므로 다음에 (제6과) 상세히 살펴보도록 하겠습니다.

나 한국 사람이걸랑요!

이번에는 부정문 만드는 방법을 살펴보겠습니다.
의문문도 간단했지만 부정문은 더 간단합니다.
동사 앞에 **no**만 넣어주면 되니까요.

우리말까지 빼앗기고 설움 받던 일제시절, 올림픽 마라톤에서 금메달 획득의 쾌거를 이루었지만 당당히 한국 선수로 소개받을 수 없었던 고 손기정 옹은 금메달을 목에 걸며 가슴속으로 이렇게 외치고 있었을 겁니다.

Yo no soy japonés.
¡(Yo) soy coreano!

[요 노 소이 하뽀네스. (요) 소이 꼬레아노!]
나는 일본인이 아닙니다. (나는) 한국인입니다!

그렇습니다!

앞서 배웠듯이 평서문을 의문문으로 만들기 위해서는 주어와 동사의 위치를 바꾸어주고 '말꼬리' 를 살짝 올려주었었지요? 그럼 부정문은 어떻습니까? 알고 보니 부정문 만드는 방법이 의문문 만드는 방법만큼이나 간단하지 않습니까? 그리고, 두 번째 문장 첫머리에서 괄호 속에 들어간 **yo** 보이시죠? 스페인어의 주격 인칭대명사는 생략이 가능하기 때문에 이렇게 괄호 속에 넣어보았습니다. 소리 내고 싶은 분들은 소리 내도 좋고, 생략하고 싶으신 분은 그러셔도 좋다는 뜻입니다. 한번 연습해볼까요? 아직도 동양 사람들을 보면 '일본 사람?' , '중국 사람?' 하고 묻는 경향이 많습니다. 그래서!!! 국력을 키워야지요. 동양사람이라면 제일 먼저 '한국 사람이세요?' 라고 물어올 수 있도록 말입니다. 자 여러분들이 부딪히게 될 다양한 형태의 의문문과 그에 걸맞는 긍정/부정의 대답을 익혀둡시다. (**actriz** [악뜨리스] 여배우)

¿Eres tú chino(a)?

[에레스 뚜 치노(나)?] 너 중국 남자(여자)니?

No. Yo no soy chino(a). Soy coreano(a).

[노. 요 노 소이 치노(나). 소이 꼬레아노(나).]

아니, 나는 중국 남자(여자)가 아니야. 나는 한국 남자(여자)야.

¿Es usted cantante?

[에스 우스뗏 깐딴떼?] 당신은 가수입니까?

No. Yo no soy cantante. Soy actriz.

[노. 요 노 소이 깐딴떼. 소이 악뜨리스.]

아니요, 나는 가수가 아닙니다. 나는 여배우입니다.

헷갈리지 않게 확실히 대답해요.
'네' 인지, '아니요' 인지!

위의 예문에서 보았듯이 상대방이 뭔가를 물으면 '네', '아니요' 가운데 하나로 대답을 해야 합니다. 물론 육하원칙에 따른 의문문의 경우에는 '네' 또는 '아니요' 없이 각 질문의 내용에 맞는 대답을 하면 되지만 '동사 + 주어 + 보어' 형태의 단순한 의문문에는 반드시 **Sí** [씨](네) 또는 **No** [노](아니요)라는 대답부터 확실히 해야 합니다. 우쒸~가 아닌 '씨', 노우~가 아닌 '노' 라는 것, 명심하세요. **¿O.K? ¡Sí!**

(**ingeniero** [잉헤니에로] 기술자, **profesora** [쁘로훼소라] 여교수, **abogada** [아보가다] 여변호사)

¿Eres tú coreano(a)?

[에레스 뚜 꼬레아노(나)?] 너는 한국 남자(여자)니?

Sí. Yo soy coreano(a).

[씨. 요 소이 꼬레아노(나).] 응. 나는 한국 남자(여자)야.

No. Yo no soy coreano(a).
Soy chino(a).

[노. 요 노 소이 꼬레아노(나). 소이 치노(나).]
아니, 나는 한국 남자(여자)가 아니야.
나는 중국 남자(여자)야.

¿Es usted estudiante?

[에스 우스뗏 에스뚜디안떼?] 당신은 학생입니까?

Sí. Yo soy estudiante.

[씨. 요 소이 에스뚜디안떼.] 네. 저는 학생입니다.

No. Yo no soy estudiante.
Soy ingeniero.

[노. 요 노 소이 에스뚜디안떼. 소이 잉헤니에로.]

아니요. 나는 학생이 아닙니다.

나는 엔지니어입니다.

¿Es ella profesora?

[에스 에이야 쁘로훼소라?] 그 여자는 여교수입니까?

Sí. Ella es profesora.

[씨. 에이야 에스 쁘로훼소라.] 네. 그 여자는 여교수입니다.

No. Ella no es profesora.
Ella es abogada.

[노. 에이야 노 에스 쁘로훼소라. 에이야 에스 아보가다.]

아니요. 그 여자는 여교수가 아닙니다.

그 여자는 여변호사입니다.

Take the Pleasure of Learning!
It makes learning a language fun and fast.
Teach Yourself Languages

006

Easy
It makes learning
a language fun and fast.

Fun
It makes learning
a language fun and fast.

Quick
It makes learning
a language fun and fast.

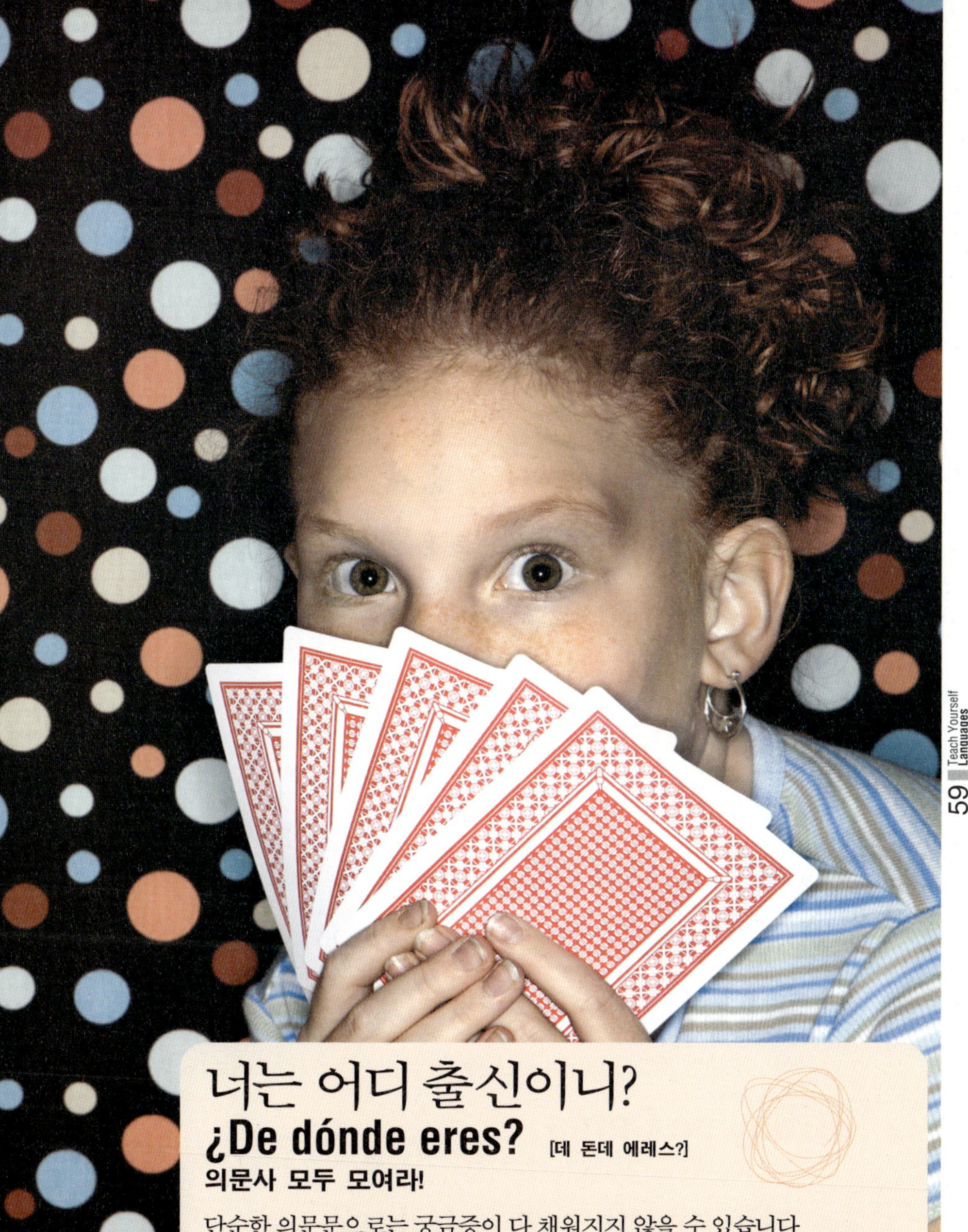

너는 어디 출신이니?
¿De dónde eres?　[데 돈데 에레스?]
의문사 모두 모여라!

단순한 의문문으로는 궁금증이 다 채워지지 않을 수 있습니다.
그렇다면, '누가, 무엇을, 언제, 어디서, 왜, 어떻게'의 육하원칙(5W1H)을
적용해보면 어떨까요? **quién, qué, cuándo, dónde, por qué, cómo** 에
보~너스로 '얼마나 많이' **cuánto** 까지 살펴보겠습니다.

Take the Pleasure of Learning! It makes learning a language fun and fast.

나는 그런데, 도대체 당신은 어느 별에서' 오셨는지?

나의 국적을 밝혔으니 상대방의 출신지도 궁금해집니다. 노르스름한 머리카락에 파르스름한 눈동자, 갈색 머리카락에 잿빛 눈동자... 도대체 어디서 온 걸까?

이제는 더 이상 궁금해할 필요가 없지요. 과감히 물어보도록 합시다. 그리자니 그 전에 '어디?', 즉 영어의 **where** 에 해당되는 의문사 정도는 알고 넘어가야 할 것 같군요. 스페인어에서 장소를 나타내는 의문사는 **dónde** [돈데] (어디? 어디에?)입니다. 전치사 **de** 와 더불어 '~로부터' 를 나타내기도 합니다. 따라서 상대방의 국적 혹은 출신지를 물어보고 싶다면 '너는 어디로부터 왔니?' 라고 물어보면 됩니다. 물론 스페인어의 어순은 의문사를 앞으로 주욱~ 빼주고, 그 뒤에 의문문의 기본 형태인 '동사 + 주어' 를 붙여주면 됩니다.

¿De dónde eres tú?

[데 돈데 에레스 뚜?]
어디로부터 너는 왔니? ➡ 너는 어느 나라 사람이니?

Soy de España.

[소이 데 에스빠냐.]
나는 스페인에서 왔어. ➡ 나는 스페인 사람이야.

¿De dónde es usted?

[데 돈데 에스 우스뗏?]
어디로부터 당신은 왔습니까? ➡ 당신은 어느 나라 사람입니까?

Soy de Corea.

[소이 데 꼬레아.] 저는 한국에서 왔습니다. ➡ 저는 한국 사람입니다.

¿De dónde son ustedes?

[데 돈데 손 우스떼데스?]
어디로부터 당신들은 왔습니까? ➡ 당신들은 어디 출신이세요?

Somos de Seúl.

[소모스 데 세울.]
우리는 서울로부터 왔습니다.
→ 우리는 서울 사람입니다.

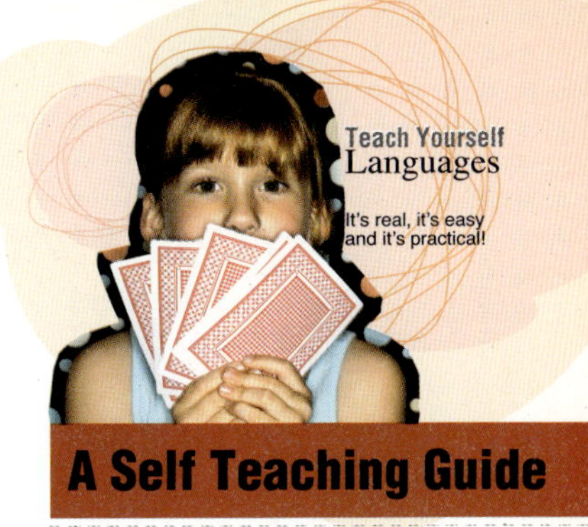

앞의 문장에서 국명 **España** 는 스페인이며,
우리나라의 공식 명칭은 원래 **República de Corea** [레뿌블리까 데 꼬레
애](대한민국)이지만 흔히 **Corea** 라고 씁니다. 영어에서 **K** 로 시작하는 것과
는 다르죠? 월드컵의 감동을 떠올려보세요. 그 감동의 순간에 온 국민이 흔들
던 깃발에 쓰여졌던 **Corea** 를! 또한, 대한민국의 수도 '서울' 은 **Seúl** [세울]이
랍니다. 아시다시피 스페인어의 5개 모음 중에 [어]가 없잖습니까? [서] 발음이
곤란하다는 말씀. 참고로 스페인의 수도 마드리드는 **Madrid** [마드릿], 멕시코
의 수도 멕시코시티는 **Ciudad de México** [씨우닷 데 메히꼬]로 표기합니다.

뭐야? 뭐꼬? 뭐시라?

상대방이 어느 나라, 어느 도시 출신인지를 알게 되었으니, 이번에는 어떤 일
을 하는 사람인지도 궁금해집니다.
그러자면 일단 영어의 **what** 에 해당되는 의문사 **qué** 를 사용하지 않을 수 없
습니다. 스페인어 의문사 **qué** [께]는 '무엇' 혹은 '무슨' 에 해당됩니다. 정확
한 품사를 따져보자면 의문대명사나 의문형용사로 쓰이는데, 형태는 성·수
변화를 하지 않기 때문에 언제나 변함없이 **qué** 의 형태를 유지하지요. 그럼 평
소에 자주 쓰는, **qué** 가 들어가는 의문문 문장들을 익혀 보겠습니다.
(**esto** [에스또] 이것, **aquí** [아끼] 여기, **estudiar** [에스뚜디아르] 공부하다 : **estudio/
estudias/ estudia/ estudiamos/ estudiáis/ estudian**, **vender** [벤데르] 팔다 :
vendo/ vendes/ vende/ vendemos/ vendéis/ venden)

¿Qué es esto?

[께 에스 에스또?] 이것은 무엇입니까?

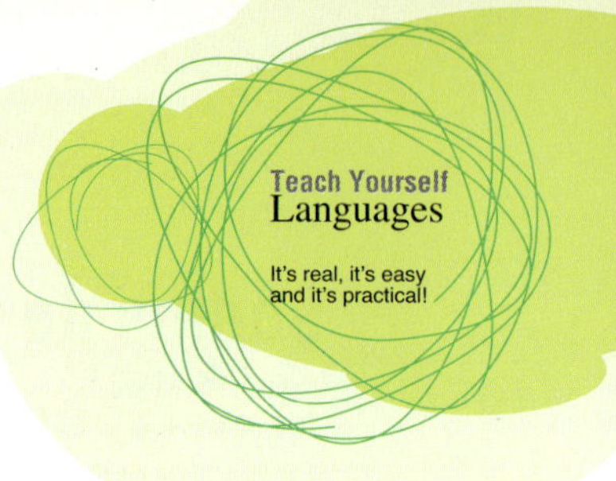

¿Qué estudias?

[께 에스뚜디아스?] 너는 무엇을 공부하니?

¿Qué venden aquí?

[께 벤덴 아끼?] 여기서는 무엇을 팝니까?

자, 그럼 본격적으로 상대방의 직업을 알아볼까요?
¿Qué eres tú? [께 에레스 뚜?] 이것이 직업을 물어보는 가장 기본적인 표현입니다. 직역하면 '너 뭐야?' 이지요. 우리말 어감으로는 당장이라도 주먹이 나갈 듯한 살벌한 상황에서 내뱉는 표현이지만, 스페인어에서는 절대 싸움 거는 상황이 아니랍니다. '너는 어떤 존재니?' 즉 '너는 무슨 일을 하는 사람이니?' 에 해당되거든요. 따라서 상대방이 **¿Qué eres tú?** 라고 물어오면 잔뜩 노려보며 '나? 나 김수진이야! 어쩔건데?' 이러지 마시고 **Soy traductora.** [소이 뜨라둑또라.] (나는 번역가입니다.)라고 친절하게 대답해주세요~.
(**traductor(a)** [뜨라둑또르(또라)] 번역가, **profesor(a)** [쁘로훼소르(라)] 교수, **chofer** [초훼르] 운전기사, **querer** [께레르] ~하고 싶다, 원하다 : **quiero/ quieres/ quiere/ queremos/ queréis/ quieren, decir** [데씨르] 말하다 : **digo/ dices/ dice/ decimos/ decís/ dicen**)

¿Qué es Ud.?

[께 에스 우스뗏?] 당신은 무슨 일을 하십니까?

Soy autor(a).

[소이 아우또르(라).] 저는 (여류) 작가입니다.

¿Qué es él?

[께 에스 엘?] 그 남자는 무슨 일을 합니까?

El es chofer.

[엘 에스 초훼르.] 그 남자는 운전기사입니다.

¿Qué quiere decir?

[께 끼에레 데씨르?] 무슨 뜻입니까?

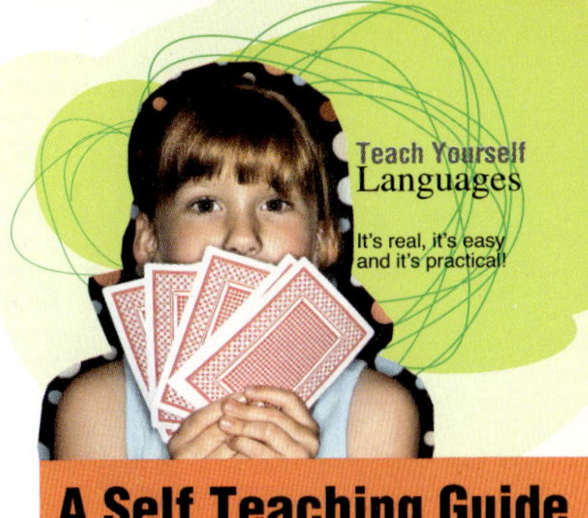

뿐만 아닙니다. 상대방이 무슨 말을 했는지 잘 못 알아들었을 때, 즉 '네?', '뭐라고요?' 라고 되물을 때에는 **¿Qué?** 만으로도 문장을 만들 수 있습니다.

¿Qué?

[께?] 뭐라고요?

제압하자, 물음표(?)!

앞서 언급했듯이 물음표가 있는 곳에는 의문사가 있기 마련이지요. 물론 주어와 동사의 순서를 바꾸어 만든 기본적인 의문문은 제외하고 말입니다. 스페인어에는 다양한 의문사가 있지만 대표적인 의문사 몇 가지를 들자면 육하원칙에 해당하는 아래와 같은 것들이 있습니다.

quién [끼엔] 누가   **cuándo** [꾸안도] 언제
dónde [돈데] 어디서   **qué** [께] 무엇을
cómo [꼬모] 어떻게   **por qué** [뽀르 께] 왜

이 중에서 **dónde** [돈데] (어디, 어디서)와 **qué** [께] (무슨, 무엇)에 대해서는 방금 공부를 마쳤으므로 이제부터는 나머지 의문사가 들어가는 문장들을 정리하면서 의문사를 완전히 제압해버리기로 하겠습니다.
(**habla** [아블라] '말하다' 의 3인칭 단수 변화, **festival** [훼스띠발] 페스티발, 축제, **estar** [에스따르] 이다, 있다, **Italia** [이딸리아] 이탈리아, **llamar** [이야마르] 부르다 : **llamo/ llamas/ llama/ llamamos/ llamáis/ llaman**, **vas** [바스] '가다' 의 2인칭 단수 변화, **hospital** [오스삐딸] 병원)

¿Quién es usted?

[끼엔 에스 우스뗏?] 당신은 누구십니까?

¿Quién habla?

[끼엔 아블라?]
누가 말합니까? → 누구세요?
(전화를 받고 상대방이 누구인지 물어볼 때)

¿Cuándo es el festival?

[꾸안도 에스 엘 훼스띠발?] 페스티발은 언제 있습니까?

¿Cuándo vas a Italia?

[꾸안도 바스 아 이딸리아?] 언제 이탈리아에 가?

¿Cómo está usted?

[꼬모 에스따 우스뗏?] 어떻게 지내십니까?, 안녕하세요?

¿Cómo te llamas?

[꼬모 떼 이야마스?] 네 이름이 뭐야?

¿Por qué estudia español?

[뽀르 께 에스뚜디아 에스빠뇰?] 왜 스페인어를 공부하십니까?

¿Por qué vas al hospital?

[뽀르 께 바스 알 오스삐딸?] 왜 병원에 가니?

이처럼 6하 원칙 의문사 6가지는 누가(**quién** 끼엔), 언제(**cuándo** 꾸안도), 어디서(**dónde** 돈데), 무엇을(**qué** 께), 어떻게(**cómo** 꼬모), 왜(**por qúe** 뽀르 께)였습니다. 물론 그 외에도 얼마나(**cuánto** 꾸안또)와 같은 의문사도 있지요. (**cuesta** [꾸에스따] '값이 나가다'의 3인칭 단수 변화, **vale** [발레] '~의 가치가 있다'의 3인칭 단수 변화)

¿Cuánto cuesta?

[꾸안또 꾸에스따?] 얼마입니까?

¿Cuánto vale?

[꾸안또 발레?] 얼마입니까?

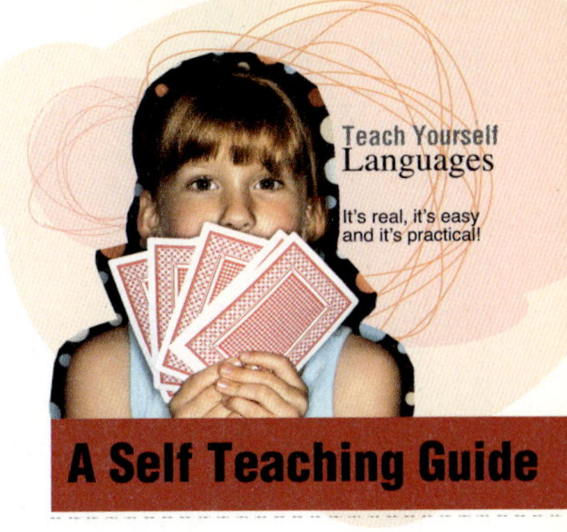

여기서 명심할 것은!!! 의문사가 있는 의문문의 어순은 '의문사 + 동사 + 주어?' 라는 것입니다. 잊지 마세요.

그리고 또 한 가지! 기본 의문문 '동사+주어?' 형태가 던져지면 **Sí** 또는 **No** 로 대답을 시작해야한다고 했었지요? 그러나 의문사를 이용한 질문이 주어졌을 때에는 '네', '아니요' 가 아닌 실질적인 대답의 내용이 제시되어야 합니다. 예를 들면, '이거 얼마입니까? 하는데 '네! 멀뚱멀뚱...' 하고 있을 수는 없다는 말이지요. '만원입니다.' 라고 대답해주세요~.
(**mil** [밀] (숫자)천, **diez mil** [디에쓰 밀] (숫자)만, **won** [원] (한국 화폐)원, **wones** [워네스] 원의 복수)

¿Eres estudiante?

[에레스 에스뚜디안떼?] 너는 학생이니?

Sí. Yo soy estudiante.

[씨. 요 소이 에스뚜디안떼.] 그래. 나는 학생이야.

¿Quién es usted?

[끼엔 에스 우스뗏?] 당신은 누구십니까?

Yo soy Jisung Park.

[요 소이 지성-박.] 나는 박지성입니다.

¿Cuánto vale?

[꾸안또 발레?] 얼마입니까?

Diez mil wones.

[디에쓰 밀 워네스] 만원입니다.

Yo estudio español.

Easy
It makes learning
a language fun and fast.

Fun
It makes learning
a language fun and fast.

Quick
It makes learning
a language fun and fast.

S

007

나는 스페인어를 배웁니다.
Yo estudio español. [요 에스뚜디오 에스빠뇰.]
규칙동사를 만나요! (1·2·3변화 동사)

의사소통의 핵심은 뭐니뭐니해도 동사!
동사만 제대로, 많이 알아도 훨씬 풍부한 표현력을 자랑할 수 있습니다.
1·2·3인칭 단·복수 주격인칭대명사에 따라 마음껏 변화하는 동사들…
ㅠ＿＿ㅠ 그러나 규칙이 있으니 염려 마세요~.

나는 스페인어를 배웁니다!

나를 소개하고, 친구에 대해서도 호구조사를 끝냈다면 이제 구체적인 대화에 돌입해야 합니다. 다양한 대화를 나누며 매력남녀의 '포스'를 강력하게 발휘하기 위해서는 동사를 다양하게 구사할 수 있어야겠지요.

'나는 스페인어를 배웁니다!' 를 스페인어로 하면 **Yo estudio español.** [요 에스뚜디오 에스빠뇰.]입니다. 바로 여러분들의 현재 상황을 나타내는 문장이지요.

Yo estudio español.
[요 에스뚜디오 에스빠뇰.] 나는 스페인어를 배웁니다.

그러니까 '주어+동사+보어(목적어)', 즉 **yo**(나는) + **estudio**(배웁니다) + **español**(스페인어를) 의 형태로 된 문장인 것이지요.
이 문장에서 동사인 **estudio** 를 주목해 보겠습니다. **estudio** 는 '내가~을 배우다, 학습하다' 라는 뜻의 동사로 원형은 **estudiar** 입니다.

스페인어의 동사는 모두 끝이 ~**ar**, ~**er**, ~**ir** 의 세 가지 형태로 끝나는데 (그래서 편의상 ~**ar** 로 끝나는 동사들을 1변화 동사, ~**er** 로 끝나는 동사들을 2변화 동사, ~**ir** 로 끝나는 동사들을 3변화 동사라고도 부르지요.), 이 끝 부분을 어미, 그리고 **estudi** 까지를 어간이라고 합니다. 앞서도 언급한 바 있지만, 스페인어는 주격인칭대명사에 따라 동사의 어미가 변화합니다. 즉 스페인어는 동사의 원형을 그대로 사용하는 것이 아니라 인칭에 따라 형태를 변화시켜 사용하는 언어라는 것입니다. 1변화 동사의 경우 주어에 따라 어미가 다음과 같이 변화합니다.

(이하 예문 또는 도표상의 3인칭 단, 복수의 주어는 편의상 **Él** 과 **Ellos** 로 하고 1, 2인칭 복수는 **Nosotros** 와 **Vosotros** 로 하겠습니다. 대표성이 남성이라서 남성을 사용할 뿐, 저자의 남성우월주의 메시지가 절대 아니니 오해 마시기를 *..*)

단수
Yo estudio español.
[요 에스뚜디오 에스빠뇰.]
나는 스페인어를 공부합니다.

Tú estudias español.
[뚜 에스뚜디아스 에스빠뇰.] 너는 스페인어를 공부한다.

Él estudia español.
[엘 에스뚜디아 에스빠뇰.] 그는 스페인어를 공부합니다.

복수
Nosotros estudiamos español.
[노소뜨로스 에스뚜디아모스 에스빠뇰.] 우리들은 스페인어를 공부합니다.

Vosotros estudiáis español.
[보소뜨로스 에스뚜디아이스 에스빠뇰.] 너희들은 스페인어를 공부한다.

Ellos estudian español.
[에이요스 에스뚜디안 에스빠뇰.] 그들은 스페인어를 공부합니다.

분석해보면, 단수에서의 동사변화는 1인칭에 **-o**, 2인칭에 **-as**, 3인칭에 **-a**, 복수에서는 1인칭에 **-amos**, 2인칭에 **-áis**, 3인칭에 **-an** 이라는 어미가 붙는다는 것을 알 수 있습니다. 이와 같은 형태로 변화하는 동사들로는 **andar** [안다르] (걷다), **buscar** [부스까르] (찾다), **caminar** [까미나르] (산책하다), **comprar** [꼼쁘라르] (사다), **desayunar** [데사유나르] (아침식사 하다), **echar** [에차르] (던지다, 넣다), **entrar** [엔뜨라르] (들어가다), **gastar** [가스따르] (소모하다), **hablar** [아블라르] (말하다), **mandar** [만다르] (명령하다), **mirar** [미라르] (바라보다), **nadar** [나다르] (수영하다), **ocupar** [오꾸빠르] (차지하다), **sacar** [사까르] (꺼내다), **tocar** [또까르] (건드리다, 연주하다), **tomar** [또마르] (먹다, 마시다, 타다, 쥐다), **viajar** [비아하르] (여행하다) 등이 있으며, 이러한 규칙을 도표로 만들어보면 다음과 같습니다.

단수(1, 2, 3인칭)	동사의 어미
yo	-o
tú	-as
él	-a

복수(1, 2, 3인칭)	동사의 어미
nosotros	-amos
vosotros	-áis
ellos	-an

  향긋한 스페인 커피 한 잔 하면서!

그런데 스페인어를 배우는 즐거움이 제 아무리 크다 해도 하루 종일 공부만 해서는(estudiar) 안 되겠지요? 더러는 맛있게 먹고(comer), 즐겁게 살아갈 (vivir) 필요도 있습니다. 따라서 이참에 2·3 변화 동사의 대표격이라 할 수 있는 comer [꼬메르] (먹다) 와 vivir [비비르] (살다)의 동사변화형도 마저 익히겠습니다.

참고로 '살다' 라는 뜻의 vivir 동사를 쓰려면 '~에' 라는 전치사가 필요할 듯 싶네요. 나중에 다시 배우겠지만, 장소를 나타내는 전치사로는 주로 영어의 in 에 해당되는 en 을 많이 쓴답니다.

¿Dónde vives?

[돈데 비베스?] 어디 살아?

Yo vivo en Seúl.

[요 비보 엔 세울.] 나는 서울에 살고 있어.

그럼, 다시 2 · 3변화 동사로 되돌아가 볼까요?

단수
Yo como pan.

[요 꼬모 빤.] 나는 빵을 먹는다.

Tú comes pan.

[뚜 꼬메스 빤.] 너는 빵을 먹는다.

Él come pan.

[엘 꼬메 빤.] 그는 빵을 먹는다.

복수
Nosotros comemos pan.

[노소뜨로스 꼬메모스 빤.] 우리들은 빵을 먹는다.

Vosotros coméis pan.

[보소뜨로스 꼬메이스 빤.] 너희들은 빵을 먹는다.

Ellos comen pan.

[에이요스 꼬멘 빤.] 그들은 빵을 먹는다.

단수
Yo vivo en Corea.

[요 비보 엔 꼬레아.] 나는 한국에 삽니다.

Tú vives en Corea.

[뚜 비베스 엔 꼬레아.] 너는 한국에 산다.

Él vive en Corea.

[엘 비베 엔 꼬레아.] 그는 한국에 삽니다.

복수
Nosotros vivimos en Corea.

[노소뜨로스 비비모스 엔 꼬레아.] 우리들은 한국에 삽니다.

Vosotros vivís en Corea.

[보소뜨로스 비비스 엔 꼬레아.] 너희들은 한국에 산다.

Ellos viven en Corea.

[에이요스 비벤 엔 꼬레아.] 그들은 한국에 삽니다.

comer 와 같은 형태로 변화하는 동사(2변화동사)로는 **aprender** [아쁘렌데르] (배우다), **beber** [베베르] (마시다), **comprender** [꼼쁘렌데르] (이해하다), **creer** [끄레에르] (믿다), **deber** [데베르] (~할 의무가 있다), **leer** [레에르] (읽다), **vender** [벤데르] (팔다) 등이 있고, 3변화 동사로는 **abrir** [아브리르] (열다), **cubrir** [꾸브리르] (덮다, 커버하다), **escribir** [에스끄리비르] (쓰다), **partir** [빠르띠르] (출발하다) 등이 있습니다.

2 · 3 변화 동사의 동사변화 규칙을 정리하면 다음과 같습니다.

단수	2변화 동사	3변화 동사
yo	-o	-o
tú	-es	-es
él	-e	-e
복수		
nosotros	-emos	-imos
vosotros	-éis	-ís
ellos	-en	-en

자, 그러면 이러한 동사활용 방법을 이용해 하고
싶었던 말 몇 마디 해볼까요? 자, 무슨 말이 하고
싶으십니까? 스페인어 공부하느라(**estudiar**)
힘드셨을 텐데 노래라도 부르면서(**cantar**)
스트레스를 해소해볼까요? 아니면 잠시 앉아
시원한 음료수라도 한잔 해볼까요(**beber**)?
그도 아니면 여성분들은 쇼핑이라도 다녀올까요(**comprar**)?
아니, 그 보다는 가까운 산에라도 올라보면(**subir**) 좋을 것 같기도 하네요.
(**cantar** [깐따르] 노래하다, **canción** [깐씨온] 노래, **beber** [베베르] 마시다, **taza** [따사]
잔, **café** [까훼] 커피, 커피숍, **comprar** [꼼쁘라르] 사다, 쇼핑하다, **ropa** [로빠] 옷,
subir [수비르] 올라가다, **montaña** [몬따냐] 산, **autobús** [아우또부스] 버스)

Yo canto una canción.
[요 깐또 우나 깐씨온.] 나는 노래를 부릅니다.

Tú bebes una taza de café.
[뚜 베베스 우나 따사 데 까훼.] 너는 커피를 한 잔 마십니다.

Ella sube a la montaña.
[에이야 수베 아 라 몬따냐.] 그녀는 등산을 합니다.

Ustedes suben al autobús.
[우스떼데스 수벤 알 아우또부스.] 당신들은 버스에 탑니다.

어떠세요? 갑작스레 등장한 많은 표에 기가 질려버리신 건 아니겠지요? 언어
하나를 정복하자면 이 정도는 감수해야 할 겁니다. 사실 우리가 평상시에 느끼
지 못해서 그렇지 우리말에도 얼마나 많은 규칙들이 있습니까? 우리말에 비하
면 이건 정말 '새 발의 피' 랍니다. '문제는 규칙이 아니라 불규칙이라구요?'
그 말도 맞습니다. 스페인어에는 수많은 불규칙 동사들이 똬리를 틀고 있으니
까요. 하지만 그 불규칙과 예외 속에 나름대로의 규칙이 있음을 발견할 때쯤이
면 안도의 한숨을 내쉴 수 있을 겁니다. 그 날까지 불굴의 '도전정신' 으로 무
장하시기를...

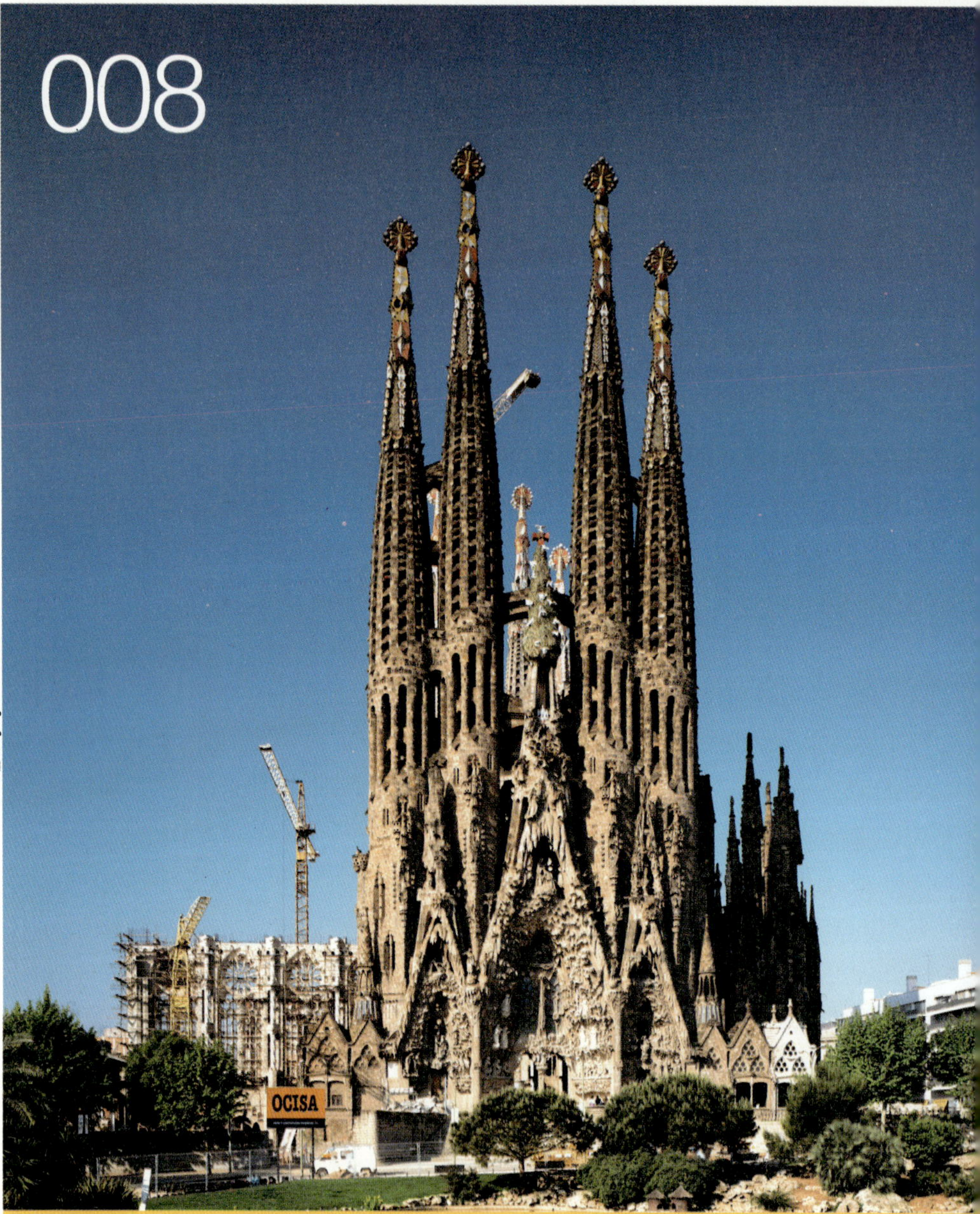

008

너는 무엇을 하니?

¿Qué haces tú? [께 아쎄스 뚜?] 불규칙동사

어디 가나 규칙을 지키지 않는 존재들이 있는 법, 동사도 마찬가지입니다.
그나마 다행인 것은 불규칙 속에도 규칙이 내재해 있으니, 불규칙 형태 몇 가지만
익혀두면 나머지들은 그 '불규칙 속의 규칙' 속에서 질서를 지킨다는 말씀!

제7과에서 배운 규칙동사에 뒤이어 불규칙 동사를 공부하겠습니다. 우선 1번 타자로 **hacer** [아쎄르]를 소개하지요. **hacer** 동사는 영어의 **do**(하다)와 **make**(만들다)의 뜻을 모두 갖습니다. 따라서 상대방이 무엇을 하고 있는지 궁금할 때 사용할 수 있습니다. 우선 동사변화부터 확인해보고 문장연습을 하 겠습니다. (**escuchar** [에스꾸차르] 듣다, **música** [무시까] 음악, **limpiar** [림삐아르] 깨 끗이 하다, 청소하다, **casa** [까사] 집)

단수
yo   **hago** [아고]
tú   **haces** [아쎄스]
él   **hace** [아쎄]

복수
nosotros   **hacemos** [아쎄모스]
vosotros   **hacéis** [아쎄이스]
ellos   **hacen** [아쎈]

¿Qué haces?
[께 아쎄스?] 뭐 하니?

Yo escucho la música.
[요 에스꾸초 라 무시까.] 나는 음악을 들어.

¿Qué hace usted?
[께 아쎄 우스뗏?] 뭐 하세요?

Yo bebo café con leche.

[요 베보 까풰 꼰 레체.] 밀크커피 마셔요.

¿Qué hace ella?

[께 아쎄 에이야?] 그녀는 뭘 합니까?

Ella limpia la casa.

[에이야 림삐아 라 까사.] 그녀는 집을 청소합니다.

beber 동사는 '마시다' 를 의미합니다. 그리고 스페인 사람들 모두가 즐겨 마시는 밀크커피는 '커피' 에 '우유' 를 탔다는 의미에서 **café con leche** 라는 표현을 씁니다. 여기서 **con** 은 전치사로 '~와 함께' 라는 의미를 갖고요. 스페인의 하루 중 가장 푸짐하다는 기름진 점심 식사를 하고 나서 마시는 스페인의 **café con leche,** 그리고 따사로운 지중해의 태양! 더 바랄게 없겠지요?

자! 이제 실전으로 좀 더 깊숙이 들어가 봅시다. 오히려 상대방이 먼저 나에게 **¿Qué haces tú?** 라고 물어온다면 '급 당황!' 하지 마시고 다양한 어휘들을 활용해서 자신의 상황을 설명할 수 있어야겠지요? 역시 동사의 포스가 팍팍!! (**estudiar** [에스뚜디아르] 공부하다, 연구하다, **ahora** [아오라] 지금, **trabajar** [뜨라바하르] 일하다, 공부하다, **mamá** [마마] 엄마, **preparar** [쁘레빠라르] 준비하다, **comida** [꼬미다] 음식, **llamar** [이야마르] 부르다, **teléfono** [멜레호노] 전화, **llamar por teléfono** [이야마르 뽀르 멜레호노] 전화걸다, **bailar** [바일라르] 춤추다, **club** [끌룹] 클럽)

¿Qué haces?

[께 아쎄스?] 너 뭐 하니?

(Yo) estudio ahora.

[(요) 에스뚜디오 아오라.] 나 지금 공부해.

(Yo) trabajo ahora.

[(요) 뜨라바호 아오라.] 나 지금 일해.

¿Qué hace tu mamá?

[께 아쎄 뚜 마마?] 너의 엄마는 뭐 하시니?

(Ella) prepara la comida.

[(에이야) 쁘레빠라 라 꼬미다.] 식사 준비하세요.

(Ella) llama por teléfono.

[(에이야) 이야마 뽀르 뗄레호노.] 통화중이세요.

¿Qué hacéis (vosotras)?

[께 아쎄이스 (보소뜨라스)?] (너희들은) 뭐 하니?

(Nosotras) bailamos en el club.

[(노스뜨라스) 바일라모스 엔 엘 끌룹.]
(우리들은) 클럽에서 춤을 춥니다.

위의 문장들에서 주어 **yo** 와 **ella**, **vosotras**, **nosotras** 를 괄호 속에 넣은 것은, 앞서도 언급한 바 있듯이 스페인어에서는 주어를 생략하고 말하는 경우가 많기 때문입니다. 그건 그렇고... 기본적으로 **¿Qué haces?** 라고 묻는 경우 위의 문장과 같이 지금 하고 있는 일을 말해주면 됩니다만, 약간 상이한 또 다른 뜻도 있습니다. 일반적으로 상대방이 종사하고 있는 일, 즉 직업을 물을 때에도 똑같은 질문을 할 수 있거든요. 물론 '지금 하고 있는 일' 과 '직업' 은 통하는 면이 다분하지만요. 여하튼, 초면에 누군가가 **¿Qué haces?** 라고 묻는다면 여러분의 직업을 알려주면 됩니다. 제4과에서 이미 익힌, 직업을 나타내는 어휘를 활용하시면 문제 없겠죠~!

¿Qué haces?

[께 아쎄스?] 너 직업이 뭐야?

(Yo) estudio.

[(요) 에스뚜디오.] 나는 공부해. → 나는 학생이야.

 규칙 좀 지켜라, 응?

사람들도 그렇고 만물이 다 그렇듯이 스페인어 동사에도 남들 다 따라가는 규칙대로 변화하는 동사들이 있는가 하면 그 속에 꼭 '제 잘난 맛에 사는 동사들'이 있답니다. 소위 '불규칙 동사'라는 점잖은 이름으로 불리고 있지요. 앞서도 언급했듯이 '동사를 얼마나 많이 알고 있는가?' 하는 문제는 언어를 습득하는 사람들에게 있어서 아주 중요한 문제가 아닐 수 없습니다. 다양한 동사를 알아야만 다양한 상황을 표현할 수 있기 때문입니다. 하지만 그런 교과서적 진리에도 불구하고 불규칙하게 변화하는 동사들을 대하면 걱정이 앞서지 않을 수 없습니다. 그러나 걱정은 결코 해결책이 될 수 없습니다. 오히려 불규칙 속에 존재하는 나름대로의 규칙을 발견해내는 편이 '휴~' 하고 안도의 한숨을 내쉬게 되는 지름길일 겁니다. 안심하고 도전해 보세요!

 규칙 안 지키는 녀석들 꼭 있다!

그럼 내친김에 **hacer** 처럼 '제멋대로' 변화하는 다른 불규칙 동사들을 섭렵해버릴까요? 사실 '제멋대로'라고는 하지만 그 와중에도 '불규칙 속의 규칙'이 있어 얼마나 대견스러운지요. 불규칙 동사들도 몇 개만 익혀두면 그 유형에 따라 또 다른 수많은 불규칙 동사들을 변화시킬 수 있다는 말씀!

 ❶ e 가 ie 로 바뀌는 동사들!

(**pensar en** [뻰사르 엔] ~를 생각하다, **mamá** [마마] 엄마, **té** [떼] 차, 티)

empezar [엠뻬사르] 시작하다
empiezo, empiezas, empieza, empezamos, empezáis, empiezan

pensar [뺀사르] 생각하다
pienso, piensas, piensa, pensamos, pensáis, piensan

perder [뻬르데르] 잃어버리다
pierdo, pierdes, pierde, perdemos, perdéis, pierden

querer [께레르] 원하다
quiero, quieres, quiere, queremos, queréis, quieren

preferir [쁘레훼리르] …을 더 좋아하다.
prefiero, prefieres, prefiere, preferimos, preferís, prefieren

Yo pienso en mi mamá.
[요 삐엔소 엔 미 마마.] 나는 엄마를 생각한다.

Tú prefieres el café al té.
[뚜 쁘레휘에레스 엘 까훼 알 떼.] 너는 차보다는 커피를 더 좋아한다.

❷ o 가 **ue** 로 바뀌는 동사들!

(**nadar** [나다르] 수영하다, 헤엄치다, **hambre** [암브레] 기아, 허기짐)

encontrar [엔꼰뜨라르] 만나다
encuentro, encuentras, encuentra, encontramos, encontráis, encuentran

poder [뽀데르] 할 수 있다
puedo, puedes, puede, podemos, podéis, pueden

volver [볼베르] 돌아오다
vuelvo, vuelves, vuelve, volvemos, volvéis, vuelven

morir [모리르] 죽다
muero, mueres, muere, morimos, morís, mueren

Ustedes pueden nadar.

[우스떼데스 뿌에덴 나다르.] 당신들은 수영을 할 줄 압니다.

Me muero de hambre.

[메 무에로 데 암브레.] 배고파 죽겠다!

 **e** 가 **i** 로 바뀌는 동사들!

(**dólares** [돌라레스] 미국화폐 달러의 복수형, **falda** [활다] 치마, **rojo(a)** [로호(하)] 빨강의, 빨간)

pedir [뻬디르] 요청하다, 요구하다
pido, pides, pide, pedimos, pedís, piden

vestir [베스띠르] 옷을 입히다
visto, vistes, viste, vestimos, vestís, visten

Ella me pide cien dólares.

[에이야 메 삐데 씨엔 돌라레스.] 그녀는 내게 백 달러를 요구합니다.

La cantante se viste una falda roja.

[라 깐딴떼 세 비스떼 우나 활다 로하.] 여 가수가 빨간 치마를 입고 있습니다.

Easy
It makes learning
a language fun and fast.

Fun
It makes learning
a language fun and fast.

Quick
It makes learning
a language fun and fast.

009

내 이름은 김이야.

Me llamo Kim. [메 이야모 낌.]

재귀동사, 감사의 표현, 부탁의 표현

부메랑~ 재귀동사를 두고 부르는 이름이 아닐까요?
어떤 행동을 취했을 때 그 행동의 영향력이 행위자 자신에게 되돌아가는 동사가
바로 재귀동사. 하루 일상을 표현하는 데 없어서는 안 될 동사입니다.

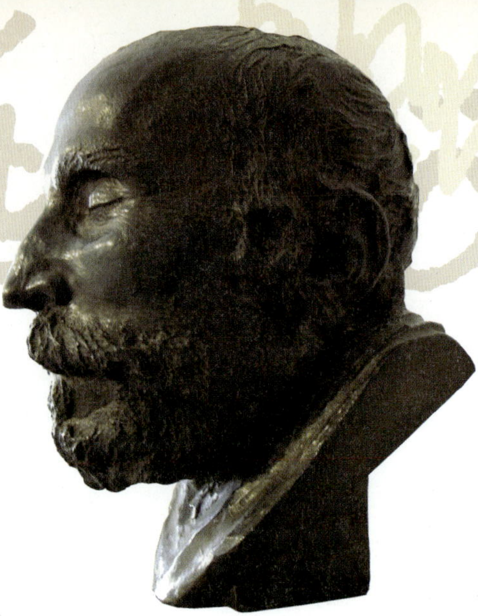

하루 일과,
재귀동사로 해결한다!!!

재귀동사란 말 그대로 자신이 행한 행동의 여파가 자신에게 되돌아오는 동사를 말합니다. 형태는 주로 타동사에 재귀대명사 **se** 를 합친 형태를 사용합니다. 즉, '주어 + 재귀대명사(**se**) + 동사' 의 형태로 문장을 구성한다는 말입니다. (물론 재귀대명사 **se** 는 주격에 따라 **me**, **te**, **se**, **nos**, **os**, **se** 로 변화합니다.) 실제로 일상생활에서 사용되는 재귀동사의 수는 그다지 많지 않습니다. 공교롭게도 하루의 생활을 시간별로 죽 더듬어 가면 거의 다 찾아낼 수 있지요. 한번 같이 찾아볼까요?

일어나서(**levantarse**), 세수하고(**lavarse**), 샤워하고(**ducharse**), 머리 빗고(**peinarse**), 옷 갈아입고(**vestirse**), 출근해서 하루 종일 일하다가 우연히 그녀를 만납니다. 그녀를 만나 자기 이름 소개하고(**llamarse**), 사랑에 빠지고(**enamorarse**), 결혼하니(**casarse**), 정말 기쁩니다(**alegrarse**). 오늘 하루 너무 많은 일을 했군요. 하루만에 결혼까지 끝내버렸으니...무척 고단한 하루였으니 집으로 돌아가 잠시 앉아서(**sentarse**) 쉰 후, 목욕하고(**bañarse**), 자야겠습니다(**acostarse**). 사실 이 정도면 여러분들이 일상생활에서 사용할 수 있는 재귀동사는 대충 한 번씩 짚어본 셈입니다. 그럼, 위의 동사들을 문장 속에서 한번 연습해볼까요? 먼저 재귀대명사의 형태부터 정리해보고 지나가겠습니다.

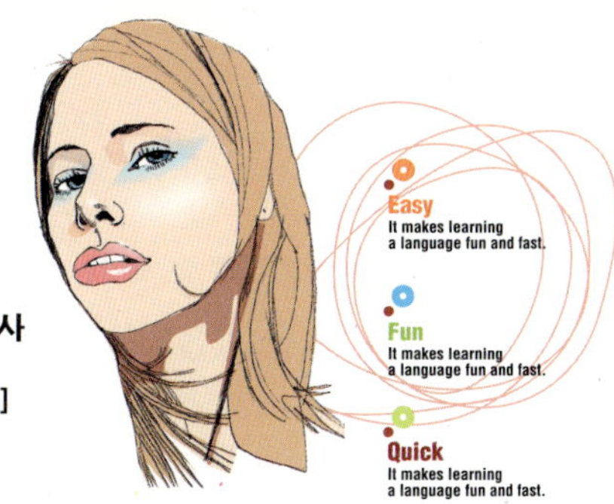

주격인칭대명사(단수)	재귀대명사
yo	**me** [메]
tú	**te** [떼]
él	**se** [세]

주격인칭대명사(복수)	재귀대명사
nosotros	**nos** [노스]
vosotros	**os** [오스]
ellos	**se** [세]

(**despierto** [데스삐에르또] 깨우다, **seis** [세이스] 여섯, 6, **muy** [무이] 아주, 매우, **rápido** [라삐도] 빨리, **siete** [시에떼] 일곱, 7, **a las siete** [알 라스 시에떼] 7시에, **y** [이] 그리고, **mi** [미] 나의, **blusa** [블루사] 블라우스, **blanco(a)** [블랑꼬(까)] 하얀, 흰색의, **tarde** [따르데] 오후, 늦게)

Me despierto a las seis.
[메 데스삐에르또 알 라스 세이스.] 나는 여섯 시에 깹니다.

Me levanto a las siete.
[멜 레반또 알 라스 시에떼.] 나는 일곱 시에 일어납니다.

Te duchas muy rápido.
[떼 두차스 무이 ㄹ라삐도.] 너는 아주 재빨리 샤워를 한다.

Ella se lava y se peina.
[에이야 셸 라바 이 세 뻬이나.] 그녀는 세수하고 머리를 빗습니다.

Mi mamá se viste la blusa blanca.
[미 마마 세 비스떼 라 블루사 블랑까.]
나의 엄마께서는 흰 블라우스를 입으십니다.

Romeo se enamora de Julieta y se casa con ella.

[로메오 세 에나모라 데 훌리에따 이 세 까사 꼰 에이야.]
로미오는 줄리엣과 사랑에 빠지고 그녀와 결혼합니다.

Nos acostamos muy tarde.

[노스 아꼬스따모스 무이 따르데.] 우리는 아주 늦게 잠듭니다.

여기서부터는 발음표기[ ]에 연음으로 인한 변화를 반영하고자 합니다. 자연스러운 소리를 내야하니까요. 첫문장의 [알], 두번째 문장의 [멜], 네번째 문장의 [셀] 같은 것이 그 예입니다.

이름이 뭐예요?

이번에는 재귀동사와 의문사가 한꺼번에 들어가는 문장을 살펴보겠습니다. 지금까지 스페인 친구와 처음 만나 인사를 나누고 국적을 밝히고 직업까지 이야기했죠? 물론 **Yo soy …** 라며 출신지와 더불어 이름을 소개하신 분도 있을 겁니다. 그런데 단순히 **I am…** 보다는 좀 더 근사한 방법으로 이름을 밝혀보고 싶지 않으세요? '아, 나 이런 사람인데~거들먹 거들먹' 자! 실명으로 이야기 해보자고요~.

(**llamar** [이야마르] ~라고 부르다)

¿Cómo te llamas?

[꼬모 떼 이야마스?] 이름이 뭐야?

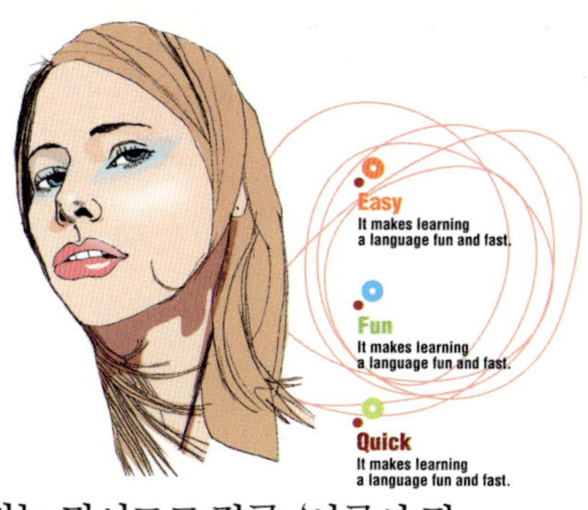

Me llamo Kim.

[메 이야모 낌.] 내 이름은 김이야.

질문을 직역하면 '너는 너를 어떻게 부르니?' 라는 말이므로 결국 '이름이 뭐니?' 라는 뜻이 됩니다. 이런 질문에 대해서는 '나는 나를 ~라고 불러.' 라고 답하면 되겠지요? 따라서 '나는 나를 김이라고 불러.', 즉 '내 이름은 김이야.' 에 해당되는 **Me llamo Kim.** 이라는 대답을 했습니다. 물론, 이 경우 처음에 배웠던 **ser** 동사를 활용해 대답해도 좋습니다. 즉 **Yo soy Kim.** 이라고 해도 똑같다는 말씀!

¿Cómo se llama?

[꼬모 세 이야마?] 그 여자는 이름이 뭐야?

Se llama Penélope Cruz.

[세 이야마 빼넬로뻬 끄루스.] 그 여자의 이름은 페넬로페 크루즈야.

너무나도 정겨운 스페인 사람들,
그리고 고마운 내 친구!

십수 년 전, 세상에 무서울 것 하나도 없던 젊은 시절. 옷가지는 물론 라면에 고추장까지 마구 쑤셔 넣은 큼지막한 여행가방 하나 들고 마드리드 공항에 내렸습니다. 그리고 어떻게 물어물어 시외버스를 타고 비교적 한적한 어느 지방 도시까지 단숨에 이동했지요. 난생 처음 내 나라 떠나면서, 미리 정해놓은 '하숙집' 주소를 적은 종이 한 장 달랑 들고 말입니다. 터미널. 자, 이제 어쩐다? 순간 누군가가 나의 가방을 불끈 들고 가버리는 겁니다. 아, 저...! 미처 뭐라 말도 못하고 더듬거리는 사이 사람 좋아 보이는 그 초로의 할아버지께서는 숙녀가 이 큰 가방을 들고 갈 수는 없는 법이라며 '택시 탈거유?' 한마디 묻고는 제법 긴 계단을 올라 택시 정류장까지 짐을 옮겨주시는 거였습니다. 아! 이국땅에서의 첫 만남, 그리고 콧등이 시큰해오는 정겨움. 그것이 스페인의 첫인상이었습니다. 태양만 뜨거운 것도 아니고, 투우와 플라맹고의 열정만 타오르는 나라가 아니라 마음까지 온통 따뜻한 나라임을 느끼는 순간이었지요.

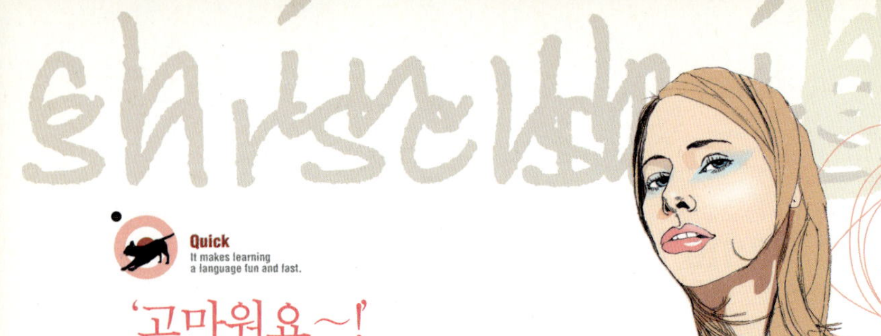

'고마워요~!'

정이 많은 스페인 사람들은 처음 만난 여러분과 인사를 나누기가 무섭게, 아니 인사를 나누기도 전에 이렇게 놀랄만한 친절을 베풀어 주곤 합니다. 그렇다면 여러분은 그런 친구들에게 고마운 마음을 표현해야 하지 않을까요? 그럼, 해보세요! 좋은 일은 감추기보다는 드러내놓고 표현해 보는 것도 좋으니까요.
(**gracias** [그라씨아쓰] 감사, **muchas** [무차쓰] 많은)

Gracias.

[그라씨아쓰.] 감사합니다. 고마워.

Muchas gracias.

[무차쓰 그라씨아쓰.] 대단히 감사합니다.

gracias 는 '감사합니다.' 혹은 '고마워.' 의 뜻입니다. 따라서 뭐 대단히까지는 아니고 그저 감사하다고 말하고 싶다면 그냥 Gracias. [그라씨아쓰.]라고 말하면 됩니다. 스페인 사람들은 아주 사소한 호의에도 고맙다는 말을 입에 달고 사니, 우리도 습관처럼 ¡Gracias! 를 말해도 될 겁니다. 고마운 줄 아는 사람, 참 좋지요? 그럼, 여러분들의 고마움의 표현을 듣고 상대방 역시 멀뚱멀뚱하고 있지는 않을 겁니다. 아마도 그에 맞는 '우아한' 대답을 하겠지요.
(**de** [데] ~의, **nada** [나다] 아무 것도)

De nada.

[데 나다.] 천만에요.

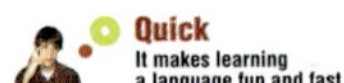

'아무 것도 아닌 걸 가지고 뭘요?' 라는 뜻이지요. 전치사 **de** 와 아무 것도 아니라는 명사 **nada** 를 붙여 만든 말이에요. 아주 보기 좋은 장면이네요. '고마워!', '아니, 뭘 이 정도 가지고...' 물론 더 나아가 '제가 좋아서 하는 일인걸요, 뭐...' 이러는 사람도 있을지 모릅니다. 그러니 여러분도 상대방이 **Gracias.** 하면 늘 **De nada.** 라고 말해주세요. (**placer** [쁠라쎄르] 기쁨)

Es mi placer.

[에스 미 쁠라쎄르.] 오히려 제 기쁨인걸요.

부탁이 있는데요...

그런가 하면, 남의 나라에 처음 가면 물어볼 일도 많고 부탁해야 할 일도 많습니다. **Por favor.** [뽀르 화보르] (부탁합니다.)는 영어의 **please** 에 해당하는 표현입니다. 거의 모든 명령형이나 청유형의 문장 첫머리 혹은 말미에 이 말을 덧붙이면 제법 공손한 모양새를 갖출 수 있습니다. 더욱이 '짧은 외국어' 로 문제를 해결해야 할 때에는 더할 나위 없는 고마운 표현이지요. 예를 들어 스페인의 어느 낯선 마을에서 주소가 적힌 종이를 내밀면서 **Por favor.** 하면 분명 그곳이 어디인지를 가르쳐 줄 겁니다. 가르쳐 주더라도 무슨 소리인지 못 알아들으면 어떡하느냐고요? 너무 염려 마세요. 마음씨 좋아 보이는 할아버지나 할머니에게 부탁하면 십중팔구 여러분의 손을 잡고 목적지까지 친절하게 데려다 줄 테니까요. 스페인 사람들, 정말 정이 많은 민족이거든요. 자, 그럼 다음 장으로 넘어가 봅시다. **¡Por favor!**

010

나는 공부하고 있어.
Yo estoy estudiando.

[요 에스또이 에스뚜디안도.]
estar 동사, 현재분사

영어의 **Be** 동사의 또 다른 형태인
Estar 동사는 더불어 진행형을
표현하는 데 꼭 필요한 요소입니다.
각각의 동사 어미에 **-ando** 또는
-iendo 를 붙여서 만들며,
진행형 외에도 독립적으로
사용하여 특정 구(句)를
형성하기도 합니다.

Take the Pleasure of Learning! It makes learning a language fun and fast.

인생은 진행형, 배움도 진행형!

어차피 동사를 익히기 시작했으니, 내친김에 '현재분사' 형도 정복해버리는 게 어떨까요? 화려한 언술을 자랑하기 위한 첫걸음으로 다양한 동사를 익히신 분이라면 아마도 도전의식이 불끈불끈 치솟지 않을까 싶은 걸요~. 자, 지금까지 익혔던 동사들로도 이미 여러분은 많은 움직임과 상태를 표현할 수 있게 되었습니다. 그런데 새로 사귄 친구가 문득 쇼핑이라도 같이 갈까 싶어 이렇게 물으면 어쩌시겠습니까? '너 지금 뭐 하고 있어?' 바로 요런 상황에서 맹숭맹숭하게 '나 공부해.' 라고 대답하는 것보다는 '나 지금 공부하고 있어.' 라고 할 수 있으면 그야말로 '딱!' 이겠지요. 더구나 상대방이 '지금 뭐 하는 중이야?' 라고 진행형으로 물었을 때 무슨 말인지는 알아들어야 하지 않겠습니까? 이제껏 배운 게 있는데 진행형으로 물었다고 못 알아듣는데서야 억울하지 않겠습니까? 실은 **estar** 동사를 활용해 진행 중인 동작을 표현할 수 있답니다.

estar 동사는 4과에서 익힌 **ser** 동사와 함께 영어의 **be** 동사를 대체합니다. 즉 영어의 **be** 동사가 스페인어에서는 **ser** 와 **estar** 로 나뉜다는 말씀. 같은 **be** 동사라도 '불변의 진리', '정체성' 등을 나타낼 때에는 보어와 더불어 **ser** 동사를, '가변적 위치', '일시적 상태' 등을 나타낼 때는 **estar** 동사를 활용하게 되는 것이지요. **estar** 동사의 변화형은 **ser** 동사 만큼이나 변화무쌍합니다. (자세한 용법은 16과에서 다시 다루겠습니다.)
(**banco** [방꼬] 은행, **cansado(a)** [깐사도(다)] 피곤한, **ventana** [벤따나] 창문, **abierto(a)** [아비에르또(따)] 열린)

yo	- estoy
tú	- estás
él/ ella/ usted	- está
nosotro(a)s	- estamos
vosotro(a)s	- estáis
ellos/ ellas/ ustedes	- están

Ella está en el banco.
[에이야 에스따 엔 엘 방꼬.] 그 여자는 은행에 있습니다.

Yo estoy cansada.
[요 에스또이 깐사다.] 나는 피곤합니다.

Las ventanas están abiertas.
[라스 벤따나스 에스딴 아비에르따스.] 창문들은 열려 있습니다.

그럼, 앞서 언급했던 진행형으로 돌아가겠습니다. 진행형 문장은 'estar 동사 + 현재분사' 로 구성됩니다.

¿Qué estás haciendo?
[께 에스따스 아씨엔도?] 너는 뭐 하고 있니?

Yo estoy estudiando español.

[요 에스또이 에스뚜디안도 에스빠뇰.] 나는 스페인어 공부하고 있어.

바로 이런 형태로 말입니다. 전에 익혔던 일반 동사(현재형을 말합니다)를 활용한 문장과 한번 비교해볼까요?

¿Qué haces tú?

[께 아쎄스 뚜?] 너 뭐 하니?

Estudio español.

[에스뚜디오 에스빠뇰.] 나는 스페인어 공부해.

어떻습니까? 둘 다 지금의 동작을 나타내고는 있지만 '맛' 이 살짝 다르지요? 바로 그런 소소한 차이가 쌓이고 쌓이면 그것이 바로 '내공' ! 내공이 쌓여야 맛깔 나는 언어를 구사할 수 있게 되는 거지요.

자, 앞의 **haciendo** 형태를 동사의 '현재분사' 라고 부릅니다. 각 동사의 현재분사형을 간략하게 살펴보면 이렇습니다. 통상 **-ar** 로 끝나는 동사들은 **-ar** 의 자리에 **-ando** 를, **-er** 나 **-ir** 로 끝나는 동사들은 **-er** 나 **-ir** 자리에 **-iendo** 를 붙여주면 끝·__·.

(**parque** [빠르께] 공원, **restaurante** [레스따우란떼] 레스토랑/ 식당, **periódico** [뻬리오디꼬] 신문, **carta** [까르따] 편지, **estación** [에스따씨온] 역/ 계절, **metro** [메뜨로] 지하철, **estación de metro** [에스따씨온 데 메뜨로] 지하철 역)

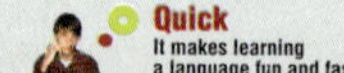

hablar - hablando [아블란도] 말하다
bailar - bailando [바일란도] 춤추다
comer - comiendo [꼬미엔도] 먹다
leer - leyendo [레이엔도] 읽다
escribir - escribiendo [에스끄리비엔도] 쓰다
ir - yendo [이엔도] 가다

'leyendo' 와 'yendo' 는 불규칙변화 형태입니다.

Sr. Kim está hablando con el Sr. Lee.

[세뇨르 낌 에스따 아블란도 꼰 엘 세뇨르 리.]
김 선생님은 이 선생님과 대화중이시다.

Ella está bailando en el parque.

[에이야 에스따 바일란도 엔 엘 빠르께.]
그녀는 공원에서 춤을 추고 있다.

María está comiendo en un restaurante chino.

[마리아 에스따 꼬미엔도 엔 운 레스따우란떼 치노.]
마리아는 한 중국 음식점에서 식사를 하고 있다.

Yo estoy leyendo el periódico.

[요 에스또이 레이엔도 엘 뻬리오디꼬.]
나는 신문을 읽고 있다.

Ustedes están escribiendo las cartas.

[우스떼데스 에스딴 에스끄리비엔도 라스 까르따스.]
당신들은 편지를 쓰고 있습니다.

Yo estoy yendo a la estación de metro.

[요 에스또이 이엔도 알 라 에스따씨온 데 메뜨로.]
나는 지하철역으로 가고 있습니다.

바로 위의 문장에서 '... 알 라 에스따씨온...' 이라고 읽으니, 눈썰미 있으신 분들은 '... 아 라...' 인데 웬 '알 라?' 하실 겁니다. 9과에서 언급했듯이 '아' 와 '라' 의 연음 때문에 그렇게 표기한 것이니 참고 바랍니당~.

아, 참! '뭐 하니?' 할 때에는 분위기 봐가며 대답하는 센스가 필요하죠. '놀러 와!' 이럴 수도 있고 '영화 보러 가자!' 이럴 수도 있으니까요. 뭔가 좋은 일이 있겠다 싶을 땐 '아무것도 안 해. 그냥 뒹굴뒹굴하고 있어~.' 이렇게 대답해봄직 합니다. 그렇다고 '에스또이 뒹굴리엔도~' 뭐 이런 신조어 만들어내지는 말고요~. (nada [나다] (부정의)아무 것, especial [에스뻬씨알] 특별한)

No hago nada especial.

[노 아고 나다 에스뻬씨알.] 특별한 것 아무 것도 안 해.

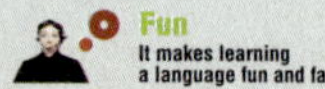

지금은 잠시 휴식 中!

¿Qué estás haciendo ahora? (지금 뭐 하고 있니?) **Estoy haciendo los pasatiempos del periódico.** [에스또이 아씨엔도 로스 빠사띠엠뽀스 델 뻬리오디꼬.] (신문 보면서 퍼즐하고 있는 중이야.)

아..., 이 정도가 되려면 여러분의 어휘력이 일취월장해야 하는데... 그러나 천리길도 한 걸음부터라고 했습니다. 아주 쌩~기초 퍼즐부터 풀어가 볼까요? 지금까지 배웠던 어휘들을 중심으로 풀어가면 됩니다. 아휴! 쌩~기초 문제 만들기도 보통 일이 아니네요. ㅋㅋ 하여튼 도전해보세요! 자, 문제 나갑니다~·__·.

(**pasatiempo** [빠사띠엠뽀] 심심풀이, **periódico** [뻬리오디꼬] 신문, **discoteca** [디스꼬떼까] 디스코텍, **mi** [미] 나의, **con** [꼰] ~와 함께, **autobús** [아우또부스] 버스)

❶ ¿Qué _h__________ tú?

❷ ¡Hasta luego amigo! ¡_A__________!

❸ Ellas están _b__________ en la discoteca.

❹ Mi mamá _l__________ la casa con mi padre.

❺ Estoy _a__________ hacia la estación de autobús.

❻ Te duchas muy _r__________.

Respuesta
❶ haces **❷** Adiós **❸** bailando **❹** limpia **❺** andando **❻** rápido

011

나는 공부 많이 했어.
Yo he estudiado mucho. [요 에 에스뚜디아도 무초.]
haber 동사, 과거분사

Yo he estudiado mucho.

과거분사는 Haber 동사와 더불어는 완료 시제를, Ser 동사와 더불어는 수동태를 나타냅니다. 현재분사와 살~짝 다르게 각각의 동사 어미에 -ado 또는 -ido 를 붙여서 만들며, 역시 독립적으로 사용하면 특정 구(句)를 형성할 수 있습니다.

TPL ^L^ Take the Pleasure of Learning!
It makes learning a language fun and fast.

난 스페인에서 극장에 가본 적이 없는데…

새로 사귄 스페인 친구가 '뭐 하고 있느냐'고 묻기에 '뒹굴거리고 있다'고 했더니, 이게 웬 일입니까? '영화 보러 갈래?' 하고 묻습니다. 뭐 아직 영화를 볼 수준이 안 된다고요? 그렇다면 스페인어를 배우는 데 영화만큼 좋은 게 없으니 냉큼 따라 나서는 게 상책! 오디오만으로 외국어를 통달한다는 게 보통 일이 아닌데 비디오까지 받쳐 주는 영화야말로 더할 나위 없는 '비법'이 아니겠습니까?

¿Has estado en un cine en Madrid? [아스 에스따도 엔 운 씨네 엔 마드릿?] (너 마드리드에서 극장 가본 적 있니?) 요런 질문이 나오면 얼른 대답하세요. **No. Nunca he estado en un cine en Madrid.** [노. 눈까 에 에스따도 엔 운 씨네 엔 마드릿.] (아니. 마드리드에서 한 번도 극장에 가본 적 없어.)

이렇게 지금까지의 경험이나 혹은 지금 이 순간에 막 동작이 완료된 상태를 묘사할 때 '현재 완료' 문장을 사용하게 될 텐데, 현재 완료를 나타내는 방법은 'haber 동사 + 과거분사'입니다. 따라서 동사의 완료 시제를 연습해보기 전에 먼저 과거분사부터 짚고 넘어가기로 하겠습니다.

앞서 제10과에서 현재분사를 익히면서 그 형태가 동사 어미에 **-ando** 또는 **-iendo** 를 붙인 형태라고 했었던 것 기억하시죠? 과거분사는 '살짝쿵~' 다릅니다. 바로 동사의 어미에 **-ado** 와 **-ido** 를 붙인 형태거든요. 즉 **-ar** 로 끝나는 동사들은 **-ar** 의 자리에 **-ado** 를, **-er** 나 **-ir** 로 끝나는 동사들은 **-er** 나 **-ir** 자리에 **-ido** 를 붙여주면 된다는 말씀.

동사원형	현재분사	과거분사	
hablar	hablando	hablado	[아블라도]
bailar	bailando	bailado	[바일라도]
comer	comiendo	comido	[꼬미도]
leer	leyendo	leído	[레이도]
escribir	escribiendo	escrito	[에스끄리또]
ir	yendo	ido	[이도]

실제로 과거분사의 상당수는 그대로 형용사화 되어 형용사로 많이 쓰이기 때문에 그 쓰임새가 꽤 중요하다고 할 수 있으니 잘 익혀두세요. 그렇게 많이 쓰이다 보니 불규칙 형도 제법 많지만 걱정하실 정도는 아닙니다. 위의 'escrito' 도 불규칙한 변화 형태이지만, 많이 사용되는 불규칙 형태의 과거분사 몇 가지만 더 익혀볼까요?

abrir	-	abierto	[아비에르또]	열다
hacer	-	hecho	[에초]	하다
morir	-	muerto	[무에르또]	죽다
poner	-	puesto	[뿌에스또]	놓다
ver	-	visto	[비스또]	보다

나의 많고 많은 경험을 열거하자면 말이야 …

이렇게 과거분사형을 알게 되었다면 이제 널리 사용하는 게 배우는 사람의 도리! 그 활용법을 살펴보겠습니다. 기본적으로 과거분사가 형용사로도 널리 쓰인다는 것을 제외한다면, 크게 두 가지의 용도로 활용된다고 보면 되는데, 그 첫 번째가 서두 부분에서 언급했던 '현재까지의 경험이나 행위의 완료' 를 나타내는 표현입니다. 'haber + 과거분사' 형태로 사용되니 haber 동사의 변화를 얼른 알아봐야겠지요? he, has, ha, hemos, habéis, han!!! 물론 사전을 찾아보면 아시겠지만, haber 동사의 변화형으로는 3인칭 단수 형태로만 사용되는 불구동사 형태의 'hay [아이](있다, 존재한다)' 도 있습니다. 그러나 원칙적으로 haber 동사는 이렇게 변화하지요.

그리고 꼭 기억해야 할 것은, 과거분사가 형용사로 쓰일 때에는 당연히 형용사 본연의 기능과 마찬가지로 수식하는 명사의 성수에 일치시켜야 하지만(명사의 성수에 대해서는 제12과에서 자세히 설명할 예정입니다~.), '경험이나 완료' 를 나타내는 동사의 '완료형' 으로 쓰일 때에는 단순히 시제상의 기능만을 담당하므로 성수의 일치 없이 사용된다는 점입니다. 잊지 마세요!!!
(esta [에스따] (지시형용사)이, mañana [마냐나] 아침/ 내일, tren [뜨렌] 기차, partir [빠르띠르] 출발하다, ventana [벤따나] 창문, película [뻴리꿀라] 영화, madre [마드레] 어머니)

Yo he vivido en Seúl, Corea.

[요 에 비비도 엔 세울, 꼬레아.]
나는 대한민국 서울에서 살아본 적 있다.

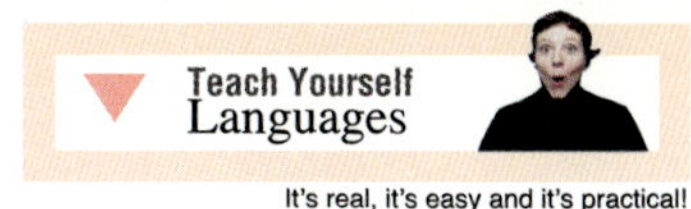

Tú has comido en un restaurante coreano esta mañana.

[뚜 아스 꼬미도 엔 운 레스따우란떼 꼬레아노 에스따 마냐나.]
너는 오늘 아침에 한식당에서 식사를 했다.

Él tren ha partido.

[엘 뜨렌 아 빠르띠도.] 기차가 떠났다.

Nosotros hemos estudiado mucho.

[노스또르스 에모스 에스뚜디아도 무초.] 우리는 공부를 많이 했다.

Vosotras habéis abierto las ventanas.

[보소뜨라스 아베이스 아비에르또 라스 벤따나스.]
너희들은 창문들을 열었다.

Ustedes han visto la película 'Madre'.

[우스떼데스 안 비스또 라 뻴리꿀라 '마드레'.]
당신들은 영화 '마더'를 보았습니다.

스페인어 때문에 내 인생이 달라졌어!

세종대왕께서 만들어주신 자랑스러운 우리말을 빼고는 세상에 영어가 다인 줄 알았던 때가 있었지요. 조금 지나고 보니 툭하면 독도를 제 것이라고 생떼를 쓰는 '일본'이 있어 적을 알고 나를 알면 백전백승이란 의미에서 '일본어'도 배워야 하고, 10억의 인구로 세계의 중심을 향해 내달리는 '중국'이 만만찮아 '중국어'도 배워야 한다고 생각했습니다. 그런데 20세기 말과 21세기 초반을 관통하며 자원 없는 나라의 설움을 뼈저리게 실감하다 보니 자원의 보고인 '라틴아메리카'를 아는 것이 미래의 힘이라는 생각이 새록새록 솟아납니다. 그래서 도전한 스페인어! 그 스페인어로 인해 여러분의 인생이 달라지기를 진심으로 기대해봅니다.

(**vida** [비다] 삶, 생명, **cambiar** [깜비아르] 바꾸다, **totalmente** [또딸멘떼] 전부, 완전히, **por** [뽀르] (전치사)~로 인해)

Mi vida es cambiada totalmente por el español.

[미 비다 에스 깜비아다 또딸멘떼 뽀르 엘 에스빠뇰.]
내 인생은 스페인어로 인해 완전히 뒤바뀐다.

수동태 문장은 'ser + 과거분사'로 만들 수 있습니다.
그리고 눈여겨 봐야할 것은, 위 문장에서 볼 수 있듯이 과거분사가 여성형으로 사용되고 있다는 점입니다. 맞습니다! 수동태 문장에서의 과거분사는 실질적으로 형용사적 기능을 담당하고 있으므로 명사의 성수에 따라 그 성수가 변화합니다.

Vosotras habéis abierto las ventanas.

[보소뜨라스 아베이스 아비에르또 라스 벤따나스.]
너희들은 창문들을 열었다.

➜

Las ventanas son abiertas por vosotras.

[라스 벤따나스 손 아비에르따스 뽀르 보소뜨라스.]
창문들은 너희들에 의해 열린다.

Ella escribe unas cartas.

[에이야 에스끄리베 우나스 까르따스.]
그 여자는 편지를 몇 통 씁니다.

➜

Las cartas son escritas por ella.

[라스 까르따스 손 에스끄리따스 뽀르 에이야.]
편지들은 그녀에 의해 쓰여집니다.

012

나는 책을 한 권 가지고 있어.
Tengo un libro.
[뗑고 운 리브로.] 명사

스페인어의 모든 명사에는 성이 있답니다.
김씨, 이씨, 박씨는 아니고, 남성과 여성이 있다는 말씀!
그 수많은 명사들을 어떻게 남성, 여성으로 외우느냐고요?
그럴리가요? 명사를 남성, 여성으로 나눌 때에는
다 그만한 이유가 있기 마련! 그 이유가 뭔지 알아볼까요?

Take the Pleasure of Learning! It makes learning a language fun and fast.

남자야? 여자야?

앞서 누차 언급했듯이 스페인어의 명사에는 우리말이나 영어와는 완전히 다른, 아주 특별한 특징이 있습니다. 바로 명사 하나 하나가 성(性), 수(數)를 가지고 있다는 것입니다. 성이 있다는 것은 모든 명사가 남성이나 여성 중 하나로 구분된다는 것이고, 수가 있다는 것은 하나일 때와 여럿일 때 그 모양이 달라진다는 것을 의미합니다. 동사도 주어에 따라 다 달라졌는네 명사까지? 그렇다면..., 그러나 체념할 일은 아닙니다. 모든 명사가 남성이나 여성으로 나뉜다고는 하지만 '척' 보면 남성인지 여성인지 알만 하거든요. 따라서 무조건적인 포기는 있을 수 없다 이겁니다. 일단~은 사전을 뒤졌을 때 **(m)**이라고 친절히 써 있는 명사들은 모두 남성명사, **(f)**라고 써 있는 명사들은 여성명사임을 참고로 알아두시고 출발하겠습니다.

나? 원래부터 남자걸랑요!

우선 명사의 성은 자연적으로 구분되는 성에 따르는 것과 인위적인, 즉 문법적인 성 구분을 해줘야 하는 것, 이렇게 둘로 나눌 수 있습니다. 자연성에 따르는 명사들은 누구라도 '그건 여성이지!', '그건 남성이지! 라고 알 수 있는 명사들입니다. 예를 들면 '아빠' 는 남성명사이고 '엄마' 는 여성명사인 것처럼 말입니다. 스페인어 명사들 중에 **-o** 로 끝나는 것들은 대부분 남성명사이고 **-a** 로 끝나는 것들은 여성명사라고 하는데, 개중에는 아주 드물지만 **papá** [빠-빠] (아빠)처럼 **-a** 로 끝났는데도 남성명사인 것들도 있답니다. 아무리 **-a** 로 끝났다고 하더라도 '아빠' 를 두고 여성명사라고 하지는 않겠지요? '아빠요? 원래 남자걸랑요!' 바로 그겁니다. 처음부터 남성인 명사들은 생김새와 상관없이 그냥 남성명사입니다.

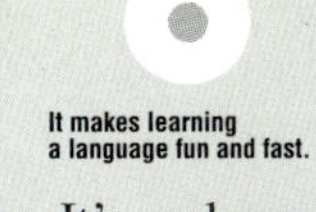

12

이렇게 자연성으로 구분되는 명사들로는 이런 것들이 있습니다.

남성명사	여성명사
papá [빠빠] 아빠	**mamá** [마마] 엄마
amigo [아미고] 남자친구	**amiga** [아미가] 여자친구
hermano [에르마노] 형제	**hermana** [에르마나] 자매
hombre [옴브레] 남자	**mujer** [무헤르] 여자
esposo [에스뽀소] 남편	**esposa** [에스뽀사] 아내, 부인

경우에 따라서는 똑 같은 형태이지만 그 속에 남성도 있을 수 있고 여성도 있을 수 있어서 단어는 그냥 쓰되 앞에 오는 관사나 뒤에 오는 형용사를 달리해 남·여를 구분하는 명사도 더러 있습니다. 예를 들면, '피아니스트'에는 남성 피아니스트도 있을 수 있고 여성 피아니스트도 있을 수 있으나 단어는 늘 **pianista** [삐아니스따] (피아니스트)로 형태를 유지하고 있지요. 학생도 마찬 가지입니다. **estudiante** [에스뚜디안떼] (학생)은 남학생과 여학생 모두를 포 함하는 단어이거든요. 학생이란 직업이 상당히 남녀 평등한 직업인가 봅니다.

제게도 '성' 을 주세요!

요즘은 다문화 가정도 많아졌고 귀화하는 사람들도 많아졌습니다. 특히 귀화 한국인들도 나름대로의 성을 만들어 새로운 족보를 만들어 나가더군요. 하지 만 우리가 만들려고 하는 성은 그게 아니니 좋은 성 만들겠다고 머리 회전시킬 일은 없을 겁니다. 그렇다면 자연성으로는 도저히 알 수 없는, 내가 맞닥뜨린 명사가 과연 남성이냐 여성이냐를 어떻게 구분할까요? 대략 세 가지 정도의 규 칙을 적용하면 구분할 수 있습니다.

첫째, **-o** 로 끝난 명사는 남성이고, **-a** 로 끝난 명사는 여성이더라! 물론 어디에 나 예외는 있기 마련이지요. 하지만 보편적으로는 대부분 이 규칙이 들어맞습 니다.

남성명사	여성명사
banco [방꼬] 은행	**bolsa** [볼사] 핸드백
computador [꼼뿌따도르] 컴퓨터	**casa** [까사] 집
teléfono [뗄레호노] 전화기	**ventana** [벤따나] 창문

둘째, 자음으로 끝난 명사는 대부분 남성인데, 단 **-ción**, **-sión**, **-xión** 으로 끝 난 명사들은 여성이더군요!

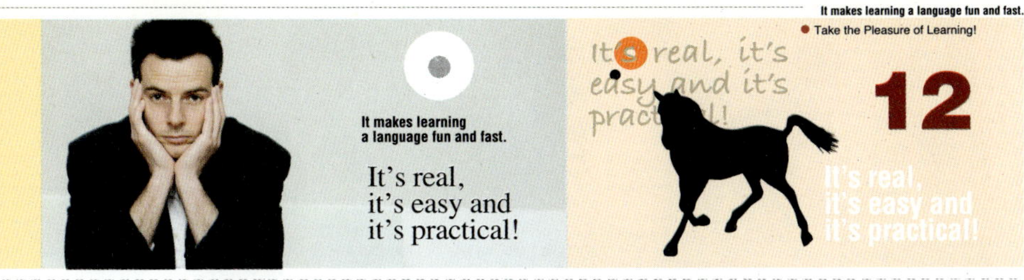

남성명사	여성명사
ascensor [아센쏘르] 엘리베이터	**estación** [에스따씨온] 역, 계절
papel [빠뻴] 종이	**reflexión** [레플렉씨온] 반성, 반영
sol [쏠] 태양, 해	**televisión** [뗄레비씨온] 텔레비전

셋째, 형태는 같지만 남성으로 쓰느냐, 여성으로 쓰느냐에 따라 차이가 있는 명사도 있습니다. 물론 많지 않기 때문에 한두 가지만 맛보기로 소개하겠습니다.

남성명사	여성명사
el capital [엘 까삐딸] 자본	**la capital** [라 까삐딸] 수도
el orden [엘 오르덴] 차례, 질서	**la orden** [라 오르덴] 명령

이 외에도 이 규칙에 벗어나는 수많은 명사들이 있는 게 사실입니다. 그건 어떻게 하느냐고요? 외워야지요. 하지만 너무 부담 갖지는 마십시오. 조금만 익숙해지면 그 속에서 나름대로의 규칙을 늘 발견하게 되는 법이니까요.

그리고 명사가 하나인 경우에는 상관없지만, 여럿인 경우에는 원래의 명사를 복수형으로 만들어줘야 하는데 방법은 아주 간단합니다.

영어에서 복수 형태가 어떻게 생겼었지요? 맞습니다.
-s 형태를 지니고 있었습니다. 스페인어도 마찬가지입니다. 복수는 늘 -s 형태로 끝나지요. 그것만 알면 80%는 해결된 겁니다. 다만, 아래의 소소한 규칙 한 번만 일독하고 나면 나머지 20%의 문제도 해결할 수 있을 겁니다. 첫째, 모든 단수 명사에는 -s 나 -es 를 붙여 복수를 만듭니다. 원래 모음으로 끝나는 단어에는 -s 를 붙여주기가 아주 편합니다. 그러나 자음으로 끝나는 경우에는 -s 만 붙여 가지고는 발음하기가 쉽지 않지요. 그래서 -es 를 붙이는 겁니다. 어떻습니까? 문법이라는 것도 아주 당연하다는 생각이 들지 않는지요? 그것은 원래 문법부터 정해놓고 언어를 만든 것이 아니라, 사람들이 말하는 방법들을 정리하다보니 그것이 소위 '문법' 이라는 이름으로 정착되었기 때문입니다.

단수명사	복수명사
banco [방꼬] 은행, 벤치	**bancos** [방꼬스] 은행들, 벤치들
casa [까사] 집	**casas** [까사쓰] 집들
papel [빠뻴] 종이	**papeles** [빠뻴레스] 종이들
computador [꼼뿌따도르] 컴퓨터	**computadores** [꼼뿌따도레스] 컴퓨터들

둘째, 단·복수의 형태가 동일한 것들도 있습니다. 이 경우에는 명사는 그대로 사용하고 관사나 형용사만 수에 따라 달리 변화시켜주면 됩니다.

단수명사	복수명사
un paraguas [운 빠라과스] 우산	**los paraguas** [로스 빠라과스] 우산들

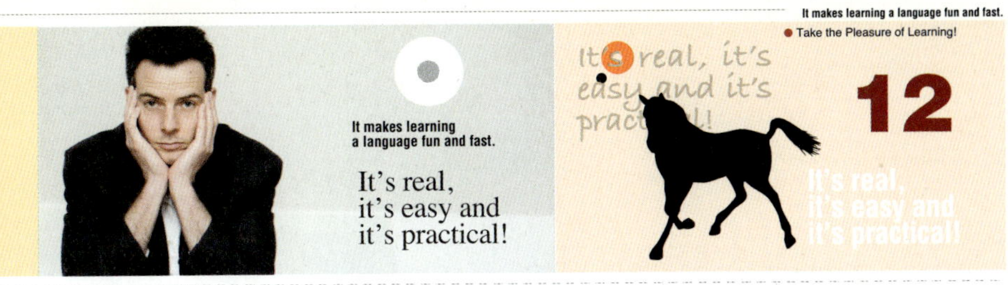

셋째, 항상 복수로만 쓰는 명사들이 있습니다. 영어에서도 그랬지요. 바지! 그렇습니다. 바지는 두 다리를 끼울 수 있도록 다리 부분이 둘로 되어 있습니다. 그래서 늘 복수를 씁니다. 안경! 후크 선장이 아니라면 안경알은 늘 두 개일 수밖에 없지요. 그래서 늘 복수를 씁니다.

pantalones [빤딸로네스] 바지, 바지 여러 벌
gafas [가화스] 안경, 안경 여러 개

이렇게 명사의 복수형을 배워봤습니다. 그런데 남녀가 같이 오면 어떻게 하나요? 이런 날카로운 질문을 하실 분 계신가요? 정말 좋은 질문이십니다. 질문에 비해 답변은 좀 구시대적일 수밖에 없지만요. '백 명의 숙녀 분들과 한 명의 신사' 가 모여 있다면, 즉 **cien señoras y un señor** 가 한 장소에 있다면 이 사람들을 뭐라 부르시겠습니까? 수적으로 우세한 여성형 **señoras** 로요? 아니요. 여성분들은 화나실지 모르지만, 단 한 명의 남성만 끼어있어도 복수명사는 대표성이 남성이 됩니다. **señores** 인 것입니다. 덕분에 '남자' 라는 단어 **hombre** 의 복수형 **hombres** 가 '인류' 의 의미를 갖게 된 것이지요.
(**cien** [씨엔] 숫자 100, **señor** [세뇨르] 신사, **Mr.**, **señora** [세뇨라] 부인, **Mrs.**,
hombre [옴브레] 남자)

말이 나온 김에 호칭에 대해 잠깐 보고 지나갈까요? 영어에서는 사람의 이름 앞에 '미스터' , '미스' 등의 호칭을 붙이지요. 스페인어에서는 남성 이름 앞에 **señor**, 기혼여성 이름 앞에 **señora** 를, 그리고 미혼여성 이름 앞에는 **señorita** 를 붙여줍니다. 따라서 '미스터 김' 은 **señor Kim**, '미스 리' 는 **señorita Lee** 가 되는 것이지요. 뿐만 아니라, '저, 여보세요!' 라고 상대방을 부를 때에도 사용할 수 있습니다.

¡Señor!
[세뇨르!] 아저씨!

¡Señora!
[세뇨라!] 아주머니!

¡Señorita!
[세뇨리따!] 아가씨!

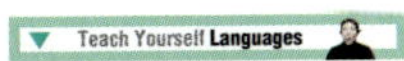

너는 나의 좋은 친구야.

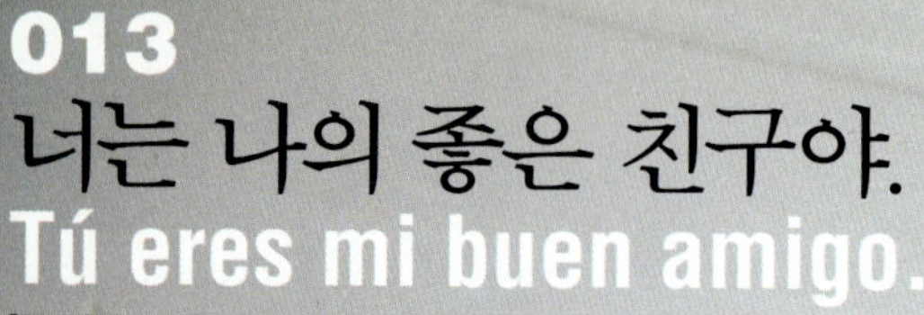

Tú eres mi buen amigo.

[뚜 에레스 미 부엔 아미고.]

형용사, 부사, 미안합니다, 실례합니다!

명사를 꾸며주는 것이 형용사의 '타고 난 역사적 사명'.
또한 동사나 형용사 혹은 다른 부사를 수식하는 것이
부사의 '운명'. 그들이 역사적 사명과 운명을 어떻게
다 하고 타개해나가는지 확인해보겠습니다.

Tú eres mi
buen amigo.
115
Teach Yourself
Languages
013
Take the Pleasure of Learning! It makes learning a language fun and fast.

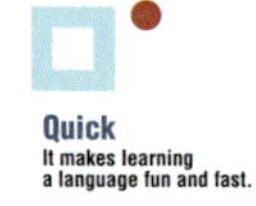

형용사의 충성~!

명사에 대해 학습했으니, 이번에는 명사를 좀 더 풍요롭게 표현해줄 수 있는 형용사의 사용에 대해 한 번 살펴볼 필요가 있겠습니다. 다양한 상황을 다양하게 묘사하기 위해서 가급적 많은 동사들을 동원할 필요가 있었지요. 그건 마치 인생을 살아가려면 '밥'을 꼭 먹어야 하는 것에 비유할 수 있습니다. '동사'가 빠진 문장으로는 '인생'이란 구조물 자체를 만들 수 없으니까요. 하지만 인생이 어디 '밥'만으로 해결됩니까? 기왕이면 '아름다운 꽃 한 송이' 곁들였을 때라야 인생이 더욱 풍요로워 지는 것이겠지요. 언어 역시 마찬가지입니다. 어떻습니까? 더욱더 풍요롭고 세련된 언어사용을 위해 다양한 형용사를 구사해봄직 하지 않습니까?

우리말이나 영어와는 달리 스페인어에서 형용사는 명사 뒤에 따라옵니다.

(**chica** [치까] 소녀, 여자 아이, **bonita** [보니따] 예쁜, 어여쁜)

우리말	예쁜 소녀
영어	**beautiful girl**
스페인어	**chica bonita** [치까 보니따]

뿐만 아니라, 자신이 수식하는 앞자리의 명사에 따라 철저하게 성·수 변화를 하지요. 그야말로 충직한 '아랫것' 으로서의 임무를 다하는 겁니다. 한번 살펴 보도록 할까요?

(**allí** [아이] 저기, **venir** [베니르] 오다 : **vengo, vienes, viene, venimos, venis, vienen, una** [우나] 여성단수 부정관사, **unas** [우나스] 여성복수 부정관사, **alto(a)** [알또(따)] 키가 큰, 높은, **interesante** [인떼레산떼] 재미있는)

Allí viene una chica bonita.
[아이 비에네 우나 치까 보니따.]
저기 예쁜 소녀가 한 명 오고 있다.

Allí vienen unas chicas bonitas.
[아이 비에넨 우나스 치까스 보니따스.]
저기 예쁜 소녀들이 오고 있다.

Yo soy muchacho alto.
[요 소이 무차초 알또.]
나는 키 큰 소년입니다.

Tengo un libro interesante.
[뗑고 운 리브로 인떼레산떼.]
나는 재미있는 책 한 권을 가지고 있다.

이처럼 형용사의 위치는 자신이 '모시는' 명사의 바로 뒤입니다.
결코 '주인' 으로부터 멀리 떨어지지도 않으며, 주인이 복수인데 제멋대로 단 수로 가지도 않습니다.

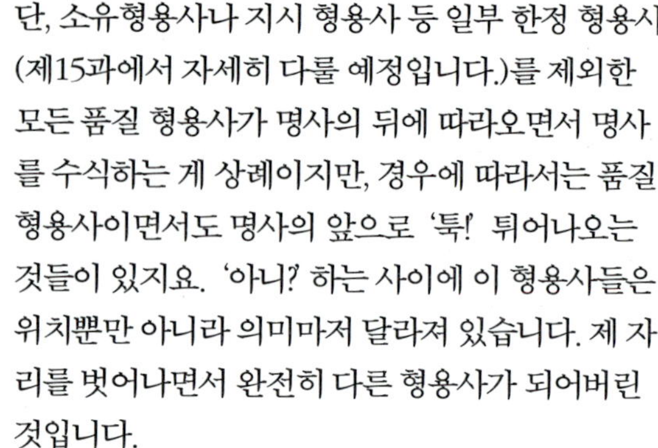

단, 소유형용사나 지시 형용사 등 일부 한정 형용사 (제15과에서 자세히 다룰 예정입니다.)를 제외한 모든 품질 형용사가 명사의 뒤에 따라오면서 명사를 수식하는 게 상례이지만, 경우에 따라서는 품질 형용사이면서도 명사의 앞으로 '툭!' 튀어나오는 것들이 있지요. '아니?' 하는 사이에 이 형용사들은 위치뿐만 아니라 의미마저 달라져 있습니다. 제 자리를 벗어나면서 완전히 다른 형용사가 되어버린 것입니다.

그러나 이런 예가 많지 않기 때문에 일상생활에서 자주 사용되는 대표적인 예 하나만 보도록 하겠습니다.
(hombre [옴브레] 남자, pobre [뽀브레] 가난한, 돈이 없는)

Él es un hombre pobre.
[엘 에스 운 옴브레 뽀브레.]
그는 가난한 사람입니다.

¡Pobre hombre!
[뽀브레 옴브레!]
불쌍한 사람!, 가엾어라!

pobre 라는 형용사는 원래 '가난한' 이라는 뜻을 가지고 있습니다. 그래서 hombre pobre 라 함은 돈이 많지 않은 사람을 나타냅니다.

그러나 세상만사 '돈' 이 능사는 아니지요.

돈이 많은데도 불구하고 '불쌍한 인간' 들도 많습니다.

마음이 가난해서일 수도 있고, 개인적인 불상사를 당해서일 수도 있습니다.

어쨌든, '가엾은' 혹은 '불쌍한' 사람을 나타낼 때에는 **pobre** 라는 형용사를 명사 앞에 놓습니다. 형용사 **pobre** 의 의미가 완전히 새로워졌지요?

또 한 가지! 외워야할 내용이 있습니다.

몇몇 형용사들은 남성단수 명사 앞에 쓰였을 때 마지막 모음 **-o** 혹은 마지막 음절 **-to**, **-de** 등이 탈락되는 경우가 있습니다. 세 가지만 언급할 테니 잘 알아두시기 바랍니다.

buen amigo
[부엔 아미고] 좋은 친구 (**-o** 탈락)

San Francisco
[산 흐란시스꼬] 샌프란시스코 (**-to** 탈락)

gran hombre
[그란 옴브레] 위대한 사람 (**-de** 탈락)

buen amigo 의 경우, 형용사 원래의 모습은 **bueno** 였지만 **-o** 가 탈락되었으며, **San Francisco** 에서는 **santo** [산또] (성스러운)의 **-to** 가 탈락되었습니다. 마찬가지로 형용사 **grande** [그란데] (큰)의 경우, **pobre** 와 마찬가지로 명사 앞으로 위치를 이동하면서 '큰, 커다란' 의 의미가 '위대한' 으로 변화되었음을 주목해주십시오.

입에 꼭 달고 살자!

불규칙 동사에 시도 때도 없이 변화하는 명사와 형용사까지... 골치 아프셨나요? 설마, 벌써 포기 단계로 들어가신 건 아니겠지요?

그래서 잠시 기분 전환 겸 하루에도 몇 번씩 쓸 수 있는 '꼭!' 필요한 문장 몇 가지 알려 드리겠습니다. '고맙습니다.', '미안합니다.', '실례합니다.' 에 해당하는 표현들 말입니다. '고맙습니다.' 는 전에 한번 배웠었는데 기억나시죠? 덧붙여서 누군가에게 신세를 졌을 때, 길을 걷다 어깨를 살짝 부딪쳤을 때, 그리고 비좁은 통로를 지나가야 할 때 쓸 수 있는 유용한 표현들입니다. 한번 보시지요.

(**con** [꼰] ~와 함께, **su** [수] 그의, 그녀의, 당신의, **permiso** [베르미소] 허락)

Gracias.
[그라씨아쓰.] 고맙습니다.

Perdón.
[베르돈.] 미안합니다.

Con su permiso.
[꼰 수 베르미소.] 실례하겠습니다.

스페인 사람들은 이런 간단한 인사말들을 거의 '입에 달고' 삽니다.

길이 좁아 걷다보니 서로 좀 부딪친 건데 그까짓 것 뭐 미안할 것까지 있겠느냐고 생각하신다면, 천만의 말씀! 상대방에게 조금이라도 폐를 끼쳤다면 언제나 '뻬르돈!' 해야 합니다. 상대방도 거의 동시에 '뻬르돈!' 할 테니 별로 손해보는 기분은 안 들 겁니다.

또 한 가지!

서구 여러 나라의 공통된 습관이기는 하지만, 스페인에서도 주변의 누군가가 '에취~' 하고 재채기를 하는 경우 재채기한 주인공도 얼른 주변 사람들에게 **¡Perdón!** 이라고 양해를 구하지만, 주위 사람들 역시 한마디씩 '위로의 말'을 합니다. 재채기와 함께 영혼이 빠져나간다고 생각한 걸까요? 음... 위로가 필요하겠지요. 같은 스페인어 권이라고 해도 나라마다 그 표현이 다르기는 하지만 가장 공통적으로 널리 쓰이는 것은 바로 스페인어의 '건강'에 해당하는 단어 **¡Salud!** [살룻]입니다.

참고로, 퇴근 후 한 잔 하는 자리에서 우리가 힘차게 외치던 '위하여!' 생각나시죠? 스페인어의 '위하여!' 역시 **¡Salud!** 입니다. 인생에서 소중한 가치가 참으로 많겠지만, 무엇보다 중요한 건 역시 건강인가 봅니다.

같이 한번 해보시겠어요?

¡Salud!

[살룻!]

위하여!, 건배!

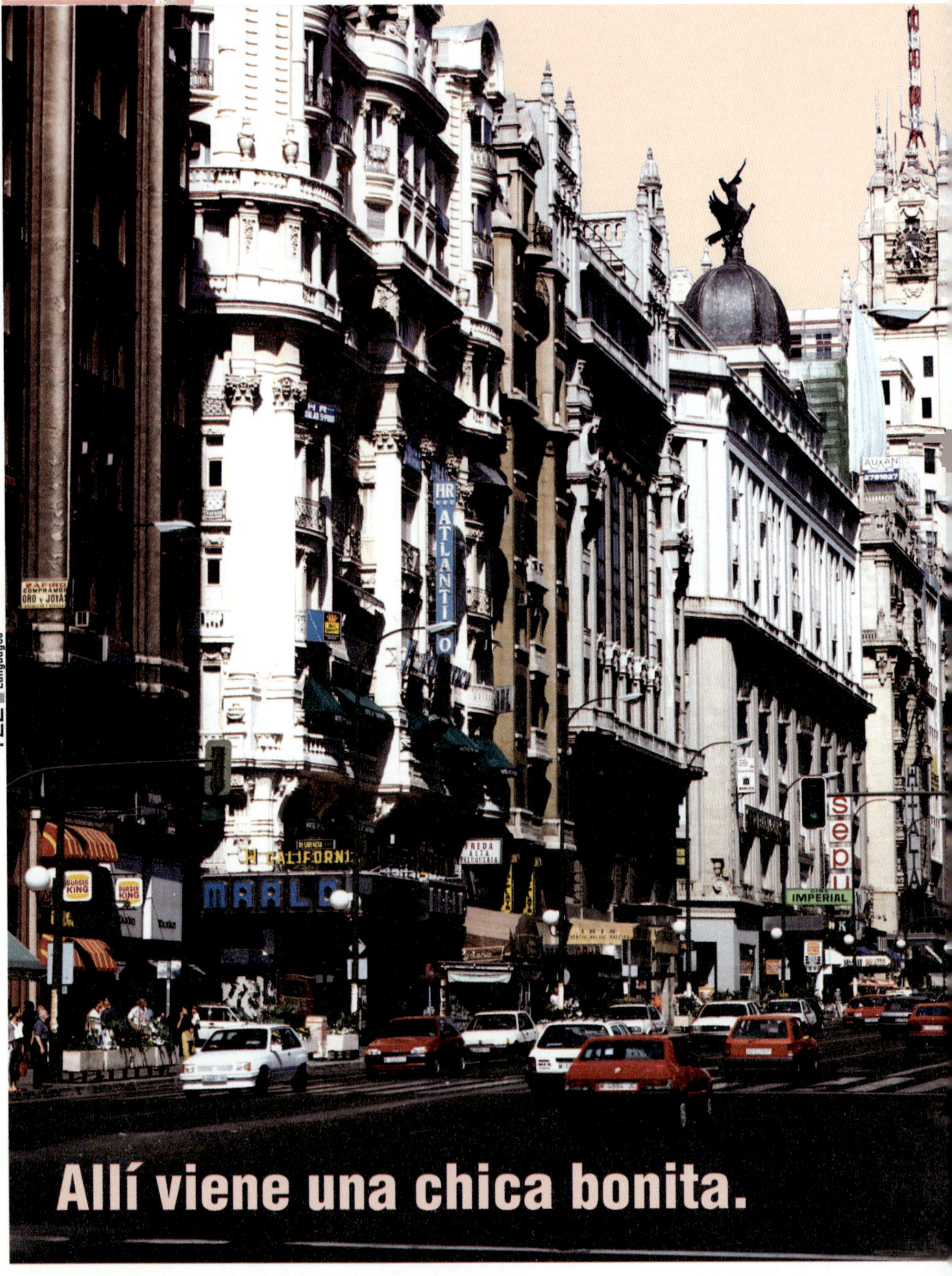

Allí viene una chica bonita.

014

저기 예쁜 소녀가 한 명 오고 있습니다.

Allí viene una chica bonita.

[아이 비에네 우나 치까 보니따.]

정관사와 부정관사

한국어에는 없는 개념,
그 이름도 찬란한 관사를
소개합니다!
우리말에 없어서 그 사용법이
더욱 난해하게 느껴지는
정관사와 부정관사.
이제 바야흐로 그 난해함에
도전해볼까 합니다.

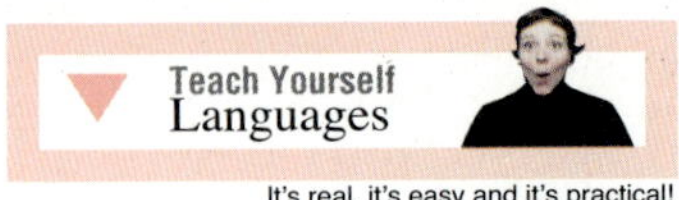

관사 없는 한국말이 짱!

누가 말했던가요? 알고 보면 한국말이 가장 어렵다고… 하지만 동네 놀이터에서 뛰놀고 있는 예닐곱 살짜리 꼬마 녀석들 붙잡고 물어보세요. 한국말이 뭐가 어렵냐고 하지요. 학원에 가서 영어 배워보니 세상에서 영어가 제일 어렵더라고 할 걸요. 그렇습니다. 우리에게는 익숙한 한국말이 가장 쉽고 편합니다. 더욱이 우리말에는 없는 정관사 · 부정관사 운운하는 외국어들을 익히려면 한숨부터 나오지요. 도대체 관사의 개념 자체가 익숙하지 않으니 말입니다. 하지만 그런 '장애물' 이 없다면 누가 외국어에 '도전' 하겠습니까? 아예 도전의식 같은 게 발동조차 않을 텐데요. 자, 이제 조금만 더 가면 '보람' 을 느끼실 수 있을 겁니다. 고지가 바로 저긴데 여기서 말 수는 없지요… 헉헉!!

명사의 영원한 동반자, 관사!

스페인어의 모든 명사에는 기본적으로 정관사나 부정관사를 붙여야 합니다. 물론 관사를 대신할 다른 것들이 있을 경우는 예외지만요.

예컨대, 지시형용사나 소유형용사, 수형용사 같은 것들 말입니다.

그러나 일단은 기본에서 출발해보죠. 관사의 형태부터 일별하고 나서 어떤 경우에 관사를 쓰는지 알아볼까요?

	정관사		부정관사	
	단수	복수	단수	복수
남성	el	los	un	unos
여성	la	las	una	unas

앞서 언급한 것처럼 스페인어의 모든 명사들은 기본적으로 그 앞에 관사를 동반하고 다닙니다. 즉, 일반적인 의미로 명사를 지칭하거나 구체적인 명사를 지칭할 때에는 정관사를, '하나' 라는 의미를 부여하며 어떤 명사를 지칭할 때에는 부정관사를 사용하는 것입니다.

이처럼 둘 중 하나는 반드시 와야 하므로 어떤 경우에 관사를 쓰는가를 알아보기보다는 어떤 경우에만 예외로 관사를 쓰지 않는지를 확인하는 편이 더 간단하겠습니다.

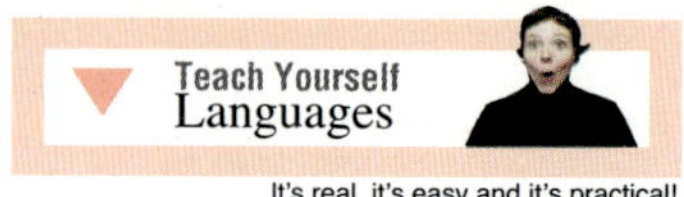

웬만하면 난 좀 빼~주세욧!

첫째, 관사를 대신할 수 있는 다른 '대용품'이 있는 경우 생략할 수 있습니다. 예를 들면 지시형용사나 소유형용사, 수형용사 같이 그 명사의 성격을 한정지을 수 있는 것들이 오는 경우입니다.

(**tener** [떼네르] 갖다, 소유하다 : **tengo**, **tienes**, **tiene**, **tenemos**, **tenéis**, **tienen**, **libro** [리브로] 책, **dos** [도스] 둘)

Tengo el libro.
[뗑고 엘 리브로.]
나는 책을 가지고 있다.

Tengo un libro.
[뗑고 운 리브로.]
나는 책을 한 권 가지고 있다.

Tengo mi libro.
[뗑고 미 리브로.]
나는 나의 책을 가지고 있다.

Tengo este libro.
[뗑고 에스떼 리브로.]
나는 이 책을 가지고 있다.

Tengo dos libros.

[뗑고 도스 리브로스.]
나는 두 권의 책을 가지고 있다.

둘째, 앞에 사람을 놓고 부를 때,
즉 호격으로 사용할 때 관사를 생략할 수 있습니다.

(**allí** [아이] 저기, **venir** [베니르] 오다 : **vengo**, **vienes**, **viene**, **venimos**, **venís**,
vienen, **profesor** [쁘로훼소르] 교수)

Allí viene el profesor.

[아이 비에네 엘 쁘로훼소르.]
저기 교수님이 오신다.

¡Profesor!

[쁘로훼소르!]
교수님!

셋째, 전치사와 더불어 관용적으로 쓰일 때 관사를 생략할 수 있습니다.
즉, 너무나 많이 사용해서 입에 '딱!' 붙어버린 표현인 경우에 굳이 중간에 관
사까지 넣어가며 말할 필요 없다는 것이지요. 예를 들어, '밀크커피' 좋아들
하시지요?

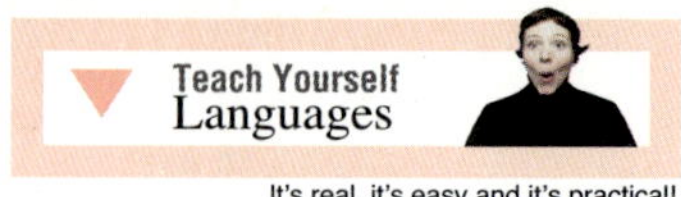

밀크커피도 너무 많이 마시다보니 '밀크커피' 라는 용어가 처음부터 마치 하나의 이름이었던 양 익숙해져 버렸고, 사실 요즘은 아무도 '밀크' 와 '커피' 를 따로 떼어 생각하지 않습니다. 바로~ 이런 경우입니다! '밀크커피'는 **café con leche** [까훼 꼰 레체]이지 아무도 **café con la leche(x)** [까훼 꼰 라 레체]라고 하지 않는다 이겁니다.

어떻습니까?
관사의 사용은 관사의 개념이 없는 언어권의 사용자들에게는 늘 가장 '난해한' 부분일 수 있습니다. 그래서 이번 과에서는 가장 기본적인 정도의 관사 사용법을 여러분들과 함께 익혔습니다. 물론, 이 규칙에서 벗어나는 사용법도 부지기수로 있을 것입니다. 하지만 가장 실용적이고 간편한 스페인어의 구사를 위해 필요한 정도로만 짚고 넘어가겠습니다.

도대체 어느 쪽부터
'뽀뽀'를 하냐고요...

친절한 할아버지의 도움으로 나보다 더 큰 여행 가방을 들고 스페인에 도착한 첫날 하숙집 아주머니와 그 가족들로부터 뜨거운 환대를 받았습니다. '잘 왔어요! 여행이 힘들지는 않았고?' 그러면서 '쪽, 쪽!' 앗! 순간 너무 당황해서 어떻게 '뽀뽀'를 나누었는지 모르겠더라구요. 그리고 줄지어서 아주머니의 대학생 딸, 초등학교 다니는 아들이 '뽀뽀'를 해주더군요. 유럽은 나라마다 인사법이 다르다고 하는데, 스페인에서는 '뽀뽀'를 두 번 한답니다. 먼저 고개를 왼쪽으로 보내면 됩니다. 그러고 나서 오른쪽으로. 좌우! 잊지 마세요. 질서 지키지 않다가 충돌하면 안 되겠지요? (제대로 뽀뽀하는 수가 있으니까요~! ^0^) 스페인에서 두 번 '뽀뽀'는 생활의 일부분. 처음 보는 남자에게도, 처음 소개받은 여자에게도 기본이지요. 정말 뽀뽀 하느냐고요? 물론 그렇지는 않아요. 가볍게 서로를 안아주면서 얼굴을 교차시키고 입으로만 '쪽!' 소리를 내면 되는 겁니다. 진짜로 '실감나게' 얼굴 바짝 대고 뽀뽀할 필요는 없다는 말씀이죠!

¡Hola!

Take the Pleasure of Learning!
It makes learning a language fun and fast.

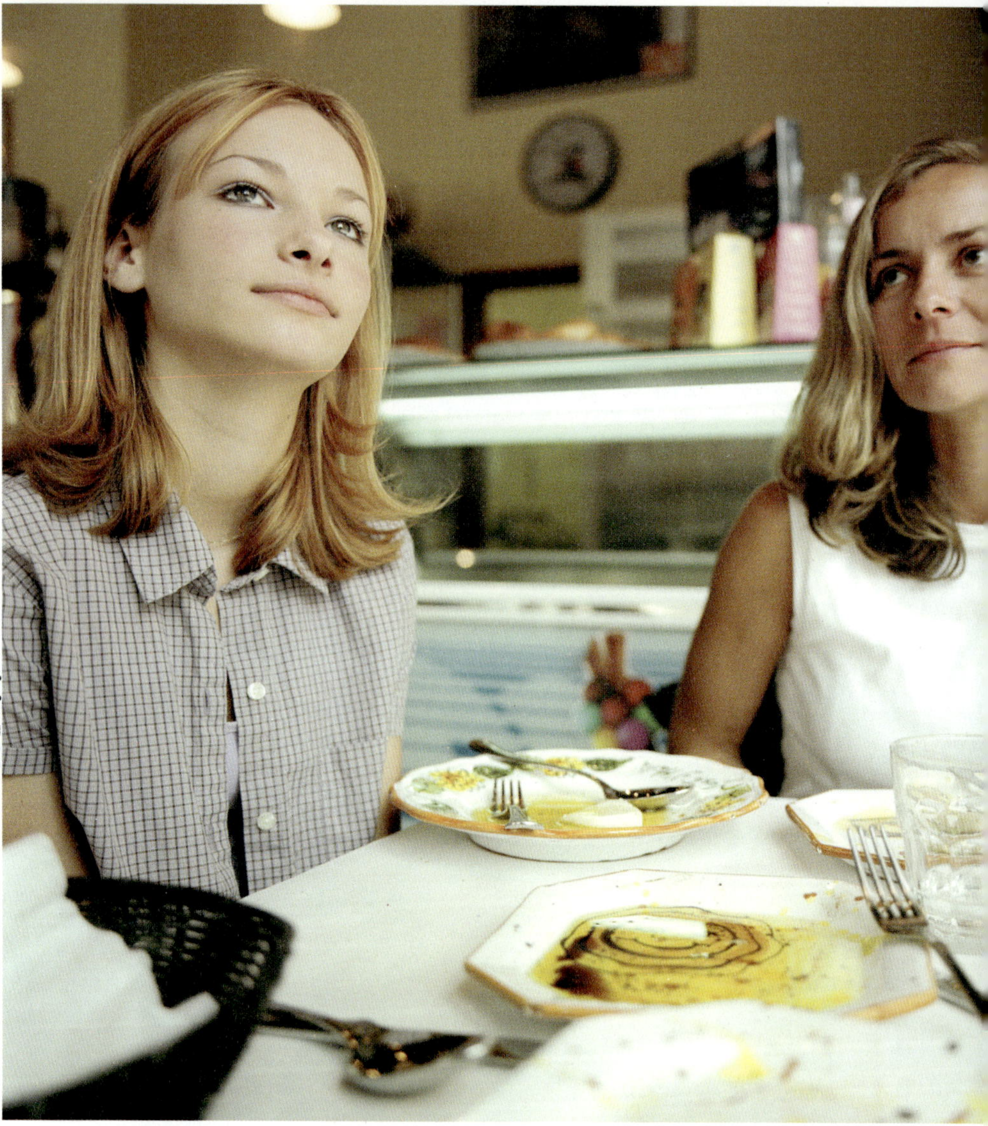

015

그녀는 내 동생입니다.
Ella es mi hermana.

[에이야 에스 미 에르마나.] 소유 형용사, 지시 형용사, 지시 대명사

한정형용사의 대표격인 소유 형용사와 지시 형용사. '내 것' 잘 챙기려면
소유 형용사 확실히 깨우쳐야죠? 더구나 명사를 대신 받아주는
'지시 대명사' 는 그 활용도가 높아 그야말로 '거시기' 에 필적할 만하답니다.

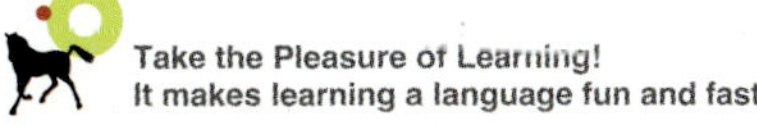

'아놔~! 내꺼야!'

네 것 내 것 따지지 않았으면 좋으련만, 일상생활에서 너무나 많이 사용되고 있기 때문에 무시할 수 없는 것이 바로 소유 형용사입니다. 실제로 옆 사람과 5분만 이야기를 나눠보세요. 물론 한국말로요. 그리고 그 속에 '내 ~' 또는 '나의~', '우리~' 가 얼마나 자주 등장하는지 한번 세어보세요. 꼭 소유를 주장해서가 아니라 '너 우리 집에 놀러 올래?' 식의 표현들을 많이 쓰게 되지요? 스페인어도 그렇습니다. 따라서 이런 경우 자연스럽게 소유 형용사를 사용하시면 됩니다. 다만, 한국식 개념에서는 '나의' 것에 대해서도 '우리' 라는 표현을 사용하지만 스페인어에서는 '나의 것' 과 '우리의 것' 이 명확히 구분됨을 주의하세요. 먼저 소유 형용사의 형태를 살펴보지요. '책' 이라는 단어에 붙여서 연습해볼까요?

	단수명사 **libro**	복수명사 **libros**
단수		
yo	**mi libro** 나의 책	**mis libros** 나의 책들
tú	**tu libro** 너의 책	**tus libros** 너의 책들
él	**su libro** 그의 책	**sus libros** 그의 책들

	단수명사 libro	복수명사 libros
복수		
nosotros	**nuestro libro** 우리의 책	**nuestros libros** 우리의 책들
vosotros	**vuestro libro** 너희들의 책	**vuestros libros** 너희들의 책들
ellos	**su libro** 그들의 책	**sus libros** 그들의 책들

소유 형용사는 그 이름 속에 포함되어 있듯이 품사가 '형용사' 입니다. 따라서 수식하는 명사의 수에 따라 단·복수의 수 변화를 합니다. 다만 위치는 일반적인 품질 형용사가 명사 뒤에 가는 것과는 달리 한정 형용사인 소유 형용사는 명사의 앞에 위치하며, 그 결과 거추장스럽게 관사와 품질 형용사를 같이 쓸 수 없어서 관사까지 밀어내 버립니다. (14과에서 이미 배웠었지요?) 즉, 관사와는 같이 쓰지 않는다는 것이지요.

(**blanco(a)** [블랑꼬(까)] 하얀, 흰색의, **interesante** [인떼레산떼] 흥미로운)

Mi casa es blanca.

[미 까사 에스 블랑까.] 나의 집은 흰색입니다.

Tus libros son interesantes.

[뚜스 리브로스 손 인떼레산떼스.] 너의 책들은 흥미롭다.

금도끼? 은도끼?
어떤 게 네 도끼냐?

신령님이 호수에서 불쑥 튀어나와 하시는 말씀입니다.
'이것' 과 '그것' 과 '저것' 을 구분하는 일은 언어의 경제적인 측면을 고려했을
때 아주 중요하지요. 지시 형용사와 지시 대명사가 없다면 '이, 그, 저' 를 나타
내기 위해 온갖 형용사나 형용사절 들을 동원해야 할 테니까요. '어떤 도끼가
네 도끼냐! 나의 왼손에 들고 있는 이 금으로 만든 도끼? … 구시렁구시렁 …'
그러다 보면 두 눈 질끈 감고 '금도끼가 제 것입니다.' 라고 대답도 하기 전에
신령님께서 지쳐버릴지도 모릅니다. 그러기 전에 지시 형용사와 지시 대명사
한번 익혀놓는 게 좋겠지요?

| 지시 형용사 : 이, 그, 저 |

	단수명사	복수명사
이	**este libro** 이 책	**estos libros** 이 책들

esta casa	estas casas
이 집	이 집들

그

ese libro	esos libros
그 책	그 책들
esa casa	esas casas
그 집	그 집들

저

aquel libro	aquellos libros
저 책	저 책들
aquella casa	aquellas casas
저 집	저 집들

| 지시 대명사 : 이것, 그것, 저것 |

		단수명사	복수명사
이것	남성	éste	éstos
	여성	ésta	éstas
그것	남성	ése	ésos
	여성	ésa	ésas
저것	남성	aquél	aquéllos
	여성	aquélla	aquéllas

오호~ 멋진걸, 저 남자!

(**guapo** [과뽀] 잘생긴, 예쁜, 멋진, **mirar** [미라르] 바라보다, 쳐다보다, **novio** [노비오] 남자친구, 연인, 신랑)

Aquel hombre es muy guapo.
[아깰 옴브레 에스 무이 과뽀.] 저 남자 아주 멋지다.

Mira, aquél es mi novio.
[미라, 아깰 에스 미 노비오.] 이봐! 저 사람은 내 남자친구야.

아이쿠! 그 남자 아무리 멋있어도 친구의 남자친구라니 ...
얼른 다른 사람 찾아봐야겠죠? 이번에는 한국제품 자랑 한번 해볼까요?
(**computador** [꼼뿌따도르] 컴퓨터)

Este computador es muy bueno. ¿De quién es?
[에스떼 꼼뿌따도르 에스 무이 부에노. 데 끼엔 에스?]
이 컴퓨터 참 좋군요. 누구 겁니까?

Éste es mi computador. Es de Corea.
[에스떼 에스 미 꼼뿌따도르. 에스 데 꼬레아.]
이것은 제 컴퓨터입니다. 한국산이지요.

돈 주고도 못 살 경험!
아는 것이 힘이라구~

하숙집 화장실에는 샤워기와 세면대, 변기 그리고 그 옆에 나지막한 변기 같아 보이는 것이 하나 더 있었습니다. 우리나라에 비데 문화가 들어오기 훨씬 전의 일이었지요. 더욱이 당시 스페인식 비데는 우리처럼 변기에 전기시설이 장착된 것이 아니라 별도의 변기가 따로 마련되어있는 형태였거든요. 어땠든, 저걸 어디에다 쓰는 것일까 고민했습니다. '어머, 한국에는 저것도 없어요?'라는 소리를 들을까봐 물어보지도 못하고요. 수도꼭지까지 달린 생김새로 봐서는 분명히 뭔가 씻는 덴데... 결국 저는 발 씻는 세발대(?)라고 결정을 내렸습니다. '높이로 보나, 세면대 옆에 있는 것으로 보나 분명해...!' 그리고 며칠 후 만난 또 다른 한국 친구! "저, 그런데 화장실에 있는 그거, 어디에 쓰는 거야?" "아, 그거? 그거 걸레 빠는 데 아냐? 난 저녁 때 양말하고 걸레 거기서 빠는데..." 윽! 지금 생각하니, 아찔합니다. 비데에 발 씻기와 걸레 빨기라... 역시 모를 땐 물어봐야죠!

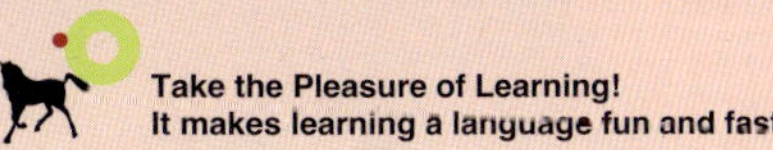

Take the Pleasure of Learning! It makes learning a language fun and fast.

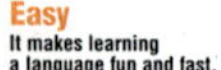

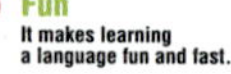

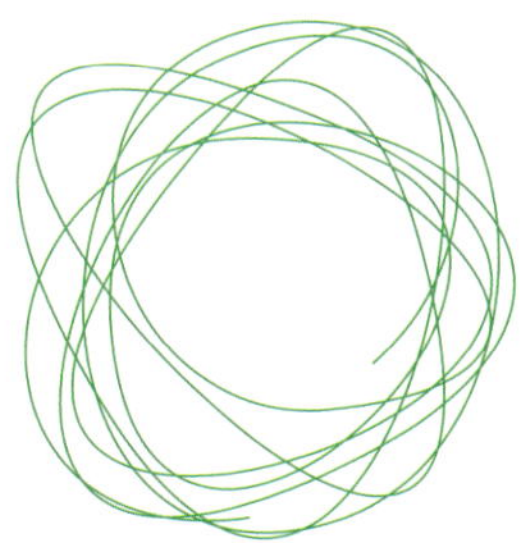

016

오늘 시간 있니?
¿Estás libre hoy?

[에스따스 리브레 오이?]

estar 동사, Sí/ No, 전치사 a, con, de, en

016

영어의 **Be** 동사에 해당되는 **Ser** 와 **Estar** 동사 중
가변적인 상태나 위치를 나타내는 **Estar** 동사를
집중 탐구합니다. '~로', '~와 함께', '~로부터',
'~ 속에서' 등등의 전치사도 안다면 표현력이
훨씬 풍부해지겠죠?

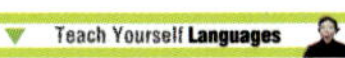

대결! estar vs ser

'오늘 시간 있니?' 서로 자기소개를 다 했다면 이제 좋은 친구가 되었겠군요. 스페인 친구를 만났다면 가급적 많은 시간을 함께 하면서 즐거운 추억을 만들어 봐야지요. 자! 여러분의 스페인어가 지금까지 잘 통했다는데 자부심을 갖고 계속 진도 나가도록 하겠습니다. 이번 과에서는 우선 영어의 **be** 동사에 해당되는 **ser** 동사와 **estar** 동사의 정확한 용법을 상호 비교를 통해 복습해볼까 합니다. 바야흐로 **estar** 동사의 다양한 사용법을 연습해볼 참이니까요.

앞서 제10과에서 간단히 설명했듯이 estar 동사는 ser 동사만큼이나 그 용도가 다양하고 널리 쓰이는 동사입니다. 영어로 말하자면 둘 다 **be** 이지만 '요지부동' 의 본질적인 특성을 나타낼 때에는 ser 동사를 쓰는 데 비해, '변덕이 죽끓는 듯한' 가변적인 특성을 나타낼 때에는 estar 동사를 사용하지요. 복습 삼아 복창해볼까요? **ser : soy, eres, es, somos, sois, son! estar : estoy, estás, está, estamos, estáis, están!** 그럼 이제 두 동사의 차이가 확연히 드러나는 예를 한번 보실까요?
(**alto** [알또] 키 큰, 높은, **alegre** [알레그레] 즐거운)

Tú eres alto.
[뚜 에레스 알또.] 너는 키가 크구나.

Yo estoy alegre.
[요 에스또이 알레그레.] 나는 기분이 좋다.

키가 크다는 사실은 고무줄이 아닌 이상 하루 아침에 달라질 수 있는 특성이 아니지요. 따라서 ser 동사를 사용한 겁니다. 그러나 기분이 좋다는 상황은 한시적이고 가변적인 상황이라고 할 수 있습니다. 어떤 계기로 기분이 좋아졌겠지만, 언제라도 화가 나거나 울적해질 수 있으니까요. 이렇게 같은 **be** 동사라도 **ser** 와 **estar** 가 서로 다르다는 것을 이해할 수 있겠지요? 그럼, 바로 '친구 만들기' 로 들어가 보도록 하겠습니다.

오늘 시간 있어?

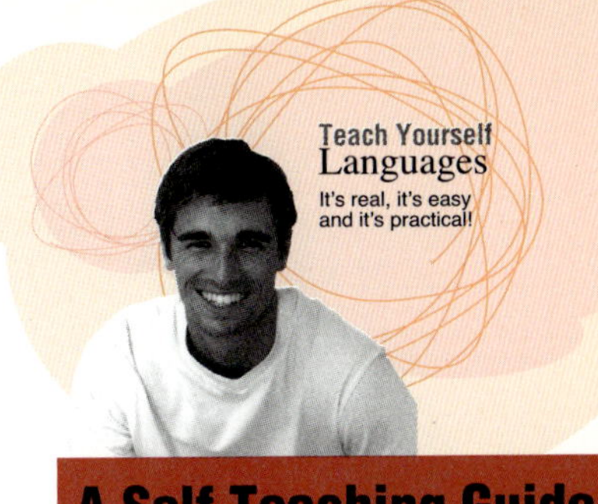

새로운 스케줄을 짜보기 위해 친구와 가장
먼저 나누어야할 대화입니다.
(**libre** [리브레] 자유로운, **hoy** [오이] 오늘,
por la mañana [뽀를 라 마냐나] 오전에,
아침에, **por la tarde** [뽀를 라 따르데] 오후에, **por la noche** [뽀를 라 노체] 밤에)

¿Estás libre hoy?

[에스따스 리브레 오이?] 오늘 시간 있니?

조금 더 나아가 두루뭉술하게 '오늘' (**hoy**)이라고 하기보다는 '오후에' (**por la tarde**)나 '저녁에' (**por la noche**)와 같은 구체적인 시간을 제시하면서 물어보는 것도 좋겠네요.

¿Estás libre por la noche?

[에스따스 리브레 뽀를 라 노체?] 저녁에 시간 좀 있어?

혹은 '~요일에 시간 있니? 를 물어보고 싶을 수도 있겠네요. 준비성 있는 사람이라면 최소한 며칠의 여유는 두고 상대방의 시간을 내달라고 요청해야 할 테니까요. 그럼 이참에 요일 한번 확인하고 지나가도록 하지요.

월요일	**lunes**	[루네스]
화요일	**martes**	[마르떼스]
수요일	**miércoles**	[미에르꼴레스]
목요일	**jueves**	[후에베스]
금요일	**viernes**	[비에르네스]
토요일	**sábado**	[사바도]
일요일	**domingo**	[도밍고]

가진 건 시간 뿐이라오~

물론 상대방은 '예' (**Sí**), '아니오' (**No**) 가운데 하나로 대답을 할 것입니다.
여러분의 첫인상이 어땠는가에 따라 다른 대답이 나올 수 있겠지요.
하지만, 설사 상대방이 '아니오' 라고 대답한다고 해도 실망할 것 없습니다.
어쩌면 여러분이 원하는 시간에 다른 선약이 있었기 때문에 **No** 라고 대답했
을지도 모르니까요. 스페인 사람들도 그러면 그렇고, 아니면 아니라는 의사표
시를 정확히 하거든요. 만일 상황이 불가피하다면 얼마든지 다른 날짜를 잡을
수 있으니 걱정할 게 뭐 있겠습니까?

¿Estás libre por la noche?
[에스따스 리브레 뽀를 라 노체?]
저녁에 시간 좀 있어?

Sí, estoy libre por la noche.
[씨, 에스또이 리브레 뽀를 라 노체.]
응, 저녁에 시간 있어.

No, no estoy libre por la noche.
[노, 노 에스또이 리브레 뽀를 라 노체.]
아니, 저녁에 시간 없어.

한 번 더 복습!
첫 문장의 주어는 **tú** 이고 아래 두 문장의 주어는 물론 **yo** 입니다.
하지만 스페인어는 주어에 따라 동사가 변화하기 때문에 **estás** 나 **estoy** 라는
동사의 변화를 보면 누구라도 주어가 **tú** 와 **yo** 인 줄 알게 되지요. 따라서, 스
페인어에서는 많은 경우 주어를 생략하고 말합니다.

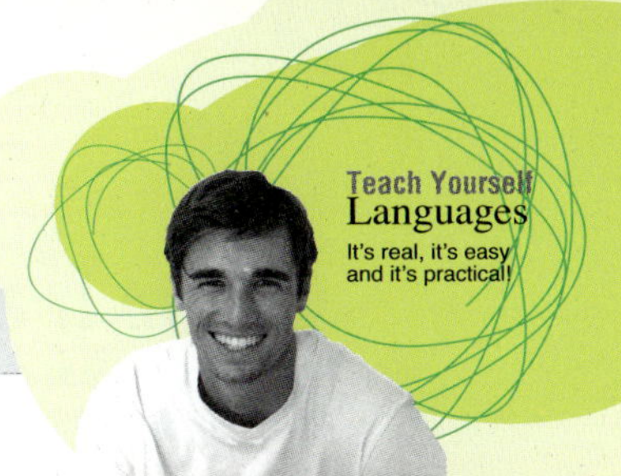

전치사 **a**, **con**, **de**, **en**

스페인어에는 매우 다양한 전치사들이 있는데, 여러분들과는 가장 빈번히 쓰이는 몇 가지만 함께 익히도록 하겠습니다.

❶ **a** [아] (~방향으로, ~에, ~시에, ~하러)

영어의 **to** 또는 **for**, **at** 에 해당되는 전치사입니다. 주로 방향성을 지니고 있지요. (**ir** [이르] 가다 : **voy**, **vas**, **va**, **vamos**, **vais**, **van**, **campo** [깜뽀] 들, 야외)

Voy a mi casa.
[보이 아 미 까사.] 나는 집으로 갑니다.

Quiero ir al campo.
[끼에로 이르 알 깜뽀.] 야외로 나가고 싶습니다.

주의하세요! 전치사 **a** 와 남성 단수 정관사 **el** 이 만나면? 그렇습니다. 결합해야지요. 그래서~ **al** 이 된 겁니다. [아엘, 아엘, 아엘…]을 빨리 소리내다보면 자연스럽게 [알] 소리가 날 수밖에 없겠지요?

❷ **con** [꼰] (~와 함께, ~와 더불어)

영어의 **with** 에 해당되는 전치사입니다.
(**amigo** [아미고] 친구, **cine** [씨네] 극장, 영화관)

Quiero ir al campo con mi amigo.

[끼에로 이르 알 깜뽀 꼰 미 아미고.]
친구와 함께 야외로 나가고 싶습니다.

¿Con quién vas al cine?

[꼰 끼엔 바스 알 씨네?]
누구와 함께 극장에 가니?

하나 더! '나와 함께' 는 **conmigo** [꼼미고], '너와 함께' 는 **contigo** [꼰띠고]라
고 합니다. **con yo (x)** 도 **con tú (x)** 도 아님을 꼭 기억해 주세요.

❸ de [데] (~의, ~로부터, ~로 만든, ~출신의)

영어의 **of, from** 에 해당되는 전치사입니다.
(**biblioteca** [비블리오떼까] 도서관, **café** [까풰] 카페, 찻집, **papel** [빠뻴] 종이)

Vengo de la biblioteca.

[벵고 델 라 비블리오떼까.] 나는 도서관에서 옵니다.

Vengo del café.

[벵고 델 까풰.] 나는 카페에서 옵니다.

Yo soy de Corea.

[요 소이 데 꼬레아.] 나는 한국사람입니다.

El libro es de papel.

[엘 리브로 에스 데 빠뻴.] 책은 종이로 만듭니다.

두 번째 문장에서 역시 새로운 형태의
del 이 발견되었지요? **al** 과 같은 원리로
전치사 **de** 가 남성 단수 정관사 **el** 과 결합하면
발음상의 원리에 의해 **del** 이 됩니다.
[데엘, 데엘, 델...] 맞지요? [델] 말고 달리 소리
내실 수 있는 분 있으시면 연락주세요.

 **en** [엔] (〜속에, 〜안으로)

(**Seúl** [세울] 우리나라의 수도 서울을 이렇게 발음함, **restaurante** [레스따우란떼]
레스토랑, 식당)

Vivo en Seúl.
[비보 엔 세울.] 나는 서울에 삽니다.

Vamos a comer en el restaurante.
[바모스 아 꼬메르 엔 엘 레스따우란떼.] 식당에서 식사합시다.

그럼 전치사를 활용해 친구와 나눌 다음 문장을 복습해볼까요?

¿De dónde eres tú?
[데 돈데 에레스 뚜?] 너 어느 나라 사람이야?

Yo soy de Corea.
[요 소이 데 꼬레아.] 나 한국 사람이야.

¿Dónde vives tú?
[돈데 비베스 뚜?] 너 어디 사니?

Yo vivo en Seúl, Corea.
[요 비보 엔 세울, 꼬레아.] 나는 대한민국 서울에 살고 있어.

017
Yo te quiero.

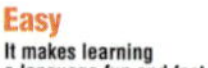

017

나는 너를 사랑해.
Yo te quiero. [요 떼 끼에로.]

목적격 인칭대명사, 다양한 불규칙 동사

'너를' 사랑한다고 고백하려면 '사랑' 만큼이나 '너를' 이
중요할 겁니다. 공연히 엉뚱한 사람 사랑하게 되었다가는
큰일이니까요. '~에게', '~을' 에 해당하는 간접목적어와
직접목적어를 마구마구 파헤쳐보겠습니다.

너를 사랑해...?

그럼 본격적으로 인칭대명사 목적격을 배워보겠습니다.
우리말도 그렇고 영어도 그렇듯이 스페인어의 인칭대명사 목적격에도 직접목적격
'～을'과 간접목적격 '～에게'가 있습니다. 이것을 간단히 정리하면 다음과 같습니다.

		직접목적격	간접목적격
단수	yo	**me** 나를	**me** 나에게
	tú	**te** 너를	**te** 너에게
	él	**lo** 그를	**le** 그에게
	ella	**la** 그녀를	**le** 그녀에게
	usted	**lo/la** 당신을	**le** 당신에게
복수	nosotros	**nos** 우리를	**nos** 우리에게
	vosotros	**os** 너희를	**os** 너희에게
	ellos	**los** 그들을	**les** 그들에게
	ellas	**las** 그녀들을	**les** 그녀들에게
	ustedes	**los/las** 당신들을	**les** 당신들에게

이제 목적격을 알게 되었으니, 친구에서 한 술 더 떠 멋진 '상대'를 만났을 때 사랑을 고백할 수도 있습니다. '나는 너를 사랑해!' 스페인어로 해볼까요? 'Yo …' 아하! 목적격의 위치가 문제로군요. 그럼 위치 설정을 먼저 해본 후, 다시 사랑 고백을 시도해 보겠습니다.

형님 먼저, 아우 먼저!

일단 모든 목적격은 동사 앞에 써줍니다.

다만, 동사가 그 앞에 조동사를 취하여 본동사가 동사원형의 형태를 갖는 경우는 예외입니다. 그럴 때에는 조동사 앞까지 끌고 나오든가 뒤에 있는 본동사에다 붙여서 써주거든요. 그러나 그런 경우를 제외한 일반적인 경우에는 동사의 '앞'이 제자리입니다. 그럼 '내가 너에게 그걸 말해 줄게.'에서와 같이 '너에게'와 '그걸'이라는 두 개의 목적어가 나란히 나온다면 무엇부터 말해야할까요? 이쯤에서 지나치게 겸양지덕을 발휘해 형님 먼저, 아우 먼저 하고 있으면 안 됩니다. 양보도 좋지만 여기에서는 장유유서, 즉 선후를 확실히 정하는 것이 낫지요. 그래서 항상 '간접 목적어'가 형님이라는 걸 잊지 마시기 바랍니다. '간접' 먼저 나오고, 그 다음에 '직접'이 등장해야 하는 것이지요. 한번 연습해볼까요?

(**leer** [레에르] 읽다 : **leo**, **lees**, **lee**, **leemos**, **leéis**, **leen**, **novela** [노벨라] 소설, **querer** [께레르] 원하다, ~하고싶다 : **quiero**, **quieres**, **quiere**, **queremos**, **queréis**, **quieren**, **cuento** [꾸엔또] 이야기, 단편소설)

Yo leo una novela.

[요 레오 우나 노벨라.]

나는 소설을 읽습니다.

Yo la leo.

[요 라 레오.]

나는 그것을 읽습니다.

Yo quiero leer un cuento.

[요 끼에로 레에르 운 꾸엔또.]

나는 소설을 읽고 싶습니다.

Yo quiero leerlo.

[요 끼에로 레에를로.]

나는 그것을 읽고 싶습니다.

이처럼 목적어는 자신이 대신하는 명사가 무엇인가에 따라 그 성을 달리하고 (첫 번째 문장의 경우 **una novela** 가 여성 단수명사이므로 **la** 를 사용하였음) 동사의 앞에 위치합니다. 그러나 세 번째 문장의 경우에는 목적어가 남성단수 명사 **cuento** 이므로 **lo** 의 형태로 받으면서, 동시에 조동사 **querer** 가 동사와 함께 등장해 본동사의 형태가 동사원형의 형태를 취하고 있으므로 본동사 뒤 에 바로 붙여주었습니다.

(**dar** [다르] 주다 : **doy**, **das**, **da**, **damos**, **dais**, **dan**)

Yo le doy a ella una novela.

[요 레 도이 아 에이야 우나 노벨라.]

나는 그녀에게 소설책을 줍니다.

Yo le la doy. (x)

[욜 렐 라 도이]

➡ # Yo se la doy.

[요 셀 라 도이]

나는 그녀에게 그것을 줍니다.

마지막 예문의 경우, 새로운 형태의 목적어 **se** 가 등장한 것을 발견하셨나요? 날카로우시군요. 느닷없이 나타난 **se** 에 당황하여 '또 다른 뭔가가 있나보다.' 라고 걱정부터 먼저 하실 필요 없습니다. (X) 표시를 한 틀린 문장을 한번 소리 내어 읽어보시겠어요?

[욜 렐 라 도이] 어떠셨어요? '렐 라' 부분에서 소리내기에 부담스럽다는 느낌이 들지는 않으신지요? 소리내는 사람이 부담스러우면 듣는 사람 역시 부담스럽지요. 모든 언어에서는 발음상에 심한 마찰이 생기는 현상을 피하려고 하는 경향이 있어요.

스페인어도 예외는 아니고요. 그래서 직접목적격과 간접목적격이 모두 3인칭인 경우 (**le lo**, **le la**, **les lo**, **les la**, **le los**, **le las**, **les los**, **les las** 의 8가지 경우겠지요.) 앞에 오는 간접목적격을 성수에 관계없이 무조건 **se** 로 바꾸어 발음하고 있습니다. **se lo**, **se la**, **se los**, **se las**... 훨씬 편해졌지요? 그렇습니다. 말이 먼저고 문법이 나중이라는 것이 확실하네요.

자! 이제 진짜로 '너를 사랑해!'

그럼, 이제는 정말 사랑 고백을 할 수 있을 겁니다.
'나는 너를 사랑해!' 스페인어 식 문장 구조로 한번 해보세요. '주어 + 목적격 + 동사', ¡Yo te quiero! 아주 짧은 한마디이지만 모든 언어를 통틀어 가장 가치 있는 한마디가 아닐까요? 연인 사이에, 부부 사이에, 그리고 사랑하는 가족 구성원들 모두가 언제 들어도 행복할 수 있는 한마디. 애용해 주세요! ·O·

¡Yo te quiero!

[요 떼 끼에로!]
너를 사랑해!

썰렁 개그?
썰렁 에피소드!
'뜨거운 물 좀 주세요.'
'아! 커피 고프다!'

용감하게 스페인에 첫발을 디딘 다음 날. 하숙집 아주머니가 챙겨놓으신 아침상. 바게트 빵, 잼, 버터, 오렌지, 따뜻한 우유가 가득 든 보온병, 그리고 인스턴트커피 가루 한 봉지. 다 좋은데 커피는 어디다 타먹으라는 건지. 물이 있어야 탈 거 아닙니까? 다음 날, 아주머니께 물을 부탁했습니다. 아주머니는 아침 식사하는데, 더구나 커피 마시는 데 뜨거운 물이 도대체 왜 필요한지 모르겠다며 고개를 갸우뚱거리는 겁니다. 그렇게 며칠간을 따뜻한 우유 한 잔으로 속을 달랜 후, 뜨거운 물을 얻어 커피를 타 마셨지요.

그러다가 방학을 맞아 집에 다니러 갔던 다른 하숙생 친구들이 돌아왔습니다. 그런데 아무도 뜨거운 물 달라는 소리를 안 하는 거예요. 바로 아주머니가 준비해 놓으신 보온병의 따뜻한 우유에 커피를 타서 마시더군요. 아하! 아메리칸 커피에 익숙해있던 한국의 커피문화와 당연히 우유와 섞어 마시는 '까풰 꼰 레체' 식 스페인 문화의 차이였습니다. 그 날 이후, 더 이상 뜨거운 물 달라는 소리는 하지 않았습니다. 그리고 지금도 때때로 뜨거운 우유와 섞어 마셨던 진한 스페인 커피향이 생각나는군요. 그립네요.

Café con leche

018
Me gusta nadar.

018

나는 수영을 좋아해.

Me gusta nadar.

[메 구스따 나다르.] gustar 동사, ir 동사

뭔가를 좋아할 수 있다는 것,
이 얼마나 행복한 일입니까?
하지만 좋아하는 마음을 표현할 수 없다면
그것만큼 답답한 일도 없겠죠?
일반적인 동사들과 그 사용법이 전혀 다른,
튀는 동사 **gustar** 를 소개합니다.

효리야, 너 나 좋아하냐?

지금까지 여러분께서는 규칙동사와 다양하게 변화하는 불규칙 동사에 대해 공부하였습니다. 사실 불규칙 동사라는 것들도 알고 보면 그 형태만 전반적인 규칙의 틀에서 조금 벗어날 뿐, 사용법에 있어서는 특별한 '일탈'을 시도하지 않고 있지요. 그런데 형태는 규칙적으로 변화하면서 그 용법이 매우 특이한 동사가 하나 있어 이제 소개하고자 합니다. 바로 **gustar** [구스따르] (좋아하다) 동사입니다. 일상생활에서 아주 빈번하게 사용되는 동사인 만큼 주의를 기울여주시기 바랍니다.

흔히 기본적인 문장의 구성은 '주어 + 동사 + 목적어(또는 보어)' 라고 생각합니다. 즉 내가 목적어를 대상으로 어떤 행위를 하는 것이지요. 그런데 **gustar** 동사의 경우 행위의 주체가 달라집니다. '~을 좋아합니다' 라는 의미로 사용되는 이 동사의 경우 '주어' 가 '목적어' 를 좋아한다는 평상시의 문장구도에서 벗어나 '목적어' 가 '주어' 를 좋아한다는 문장구도를 갖게 된다는 것이지요. 예를 들어 '나는 수영을 좋아해.' 라고 말하고 싶다면, **gustar** 를 사용한 스페인어 문장에서는 '나를 수영이 좋아해.' 형태로 말해야 합니다. 이처럼 주어와 목적어의 역할이 바뀌어버리는데, 그럼에도 불구하고 문장의 배열순서만은 여전히 예전의 틀을 유지해야 합니다. 결국 '의미상의 목적어 + **gustar** + 의미상의 주어' 형태를 갖는다는 것입니다. 복잡한가요? 조금만 인내심을 발휘해 주세요. 이런 특이한 용법의 동사는 **gustar** 외에 별로 많지 않으니까요. 그럼 먼저 **gustar** 동사의 변화형부터 살피고 지나가겠습니다. 참고로, '의미상의 목적어' 가 항시 앞에 나오므로 같이 익혀두면 훨씬 편할 겁니다.

단수		복수	
yo	me gusta(n)	nosotros	nos gusta(n)
tú	te gusta(n)	vosotros	os gusta(n)
él	le gusta(n)	ellos	les gusta(n)

이렇게 변화합니다.

말하자면 동사 자체의 변화 형태는 규칙동사의 형태를 따르고 있다는 것이죠. 그런데 눈치 빠르신 분들은 벌써 알아채셨나요? 동사가 어째 날이면 날마다 **gusta(n)** 일까...? 당연한 질문이십니다. 앞서 언급한 것처럼 문장 속의 '목적어' 가 '의미상의 주어' 노릇을 한다고 했지요? 그러나 제 아무리 '의미상' 그 어떤 노릇을 한다고 하더라도 원래의 '목적어' 에서 벗어날 수는 없는 법입니다. 그리고 '목적어' 는 거의 3인칭에서 벗어날 수 없고요. 따라서 '목적어' 즉 '의미상의 주어' 는 특별한 한두 경우를 제외하고는 단순히 한 개냐, 여러 개냐 의 차이만 있을 수 있습니다. 그 결과 동사는 오직 **gusta** 아니면 **gustan** 일 수 밖에 없는 것이고요. 그럼 문장 속에서 한번 연습해볼까요?

(**nadar** [나다르] 수영하다, **perro** [뻬로] 개, **canción** [깐씨온] 노래, **juego** [후에고] 놀이, 게임, **computador** [꼼뿌따도르] 컴퓨터, **viajar** [비아하르] 여행하다)

Me gusta nadar.

[메 구스따 나다르.] 나는 수영을 좋아합니다.

Te gustan los perros.

[떼 구스딴 로스 뻬로스.] 너는 개들을 좋아한다.

Le gustan las canciones de Luis Miguel.

[레 구스딴 라스 깐씨오네스 데 루이스 미겔.]
그는 루이스 미겔의 노래들을 좋아합니다.

Nos gusta el juego de computador.

[노스 구스따 엘 후에고 데 꼼뿌따도르.]
우리는 컴퓨터 게임을 좋아합니다.

Os gusta viajar.

[오스 구스따 비아하르.] 너희들은 여행을 좋아한다.

Les gusta leer los libros.

[레스 구스따 레에르 로스 리브로스.] 당신들은 독서를 좋아합니다.

이처럼 좋아하는 대상이 단수인지, 복수인지에 따라 **gustar** 동사의 형태가 단수인지 복수인지 결정되는 것입니다.

물론, 드물지만 예외가 있다고 했지요?
예를 들면 의미상의 주어가 1인칭이나 2인칭인 경우 말입니다.
예컨대 **Me gustas tú.** [메 구스따스 뚜.] (난 네가 마음에 들어.)나 **¿No te gusto?** [노 떼 구스또?] (내가 네 맘에 들지 않니?) 등이 그 예지요. 드문 예지만 실제로는 자주 쓰이는 문장이니 잘 익혀두시기 바랍니다.

끝으로 상대방에게 무엇을 좋아하는지 한번 물어보기로 할까요?
우리가 이미 배웠던 의문사 **qué** 를 활용하면 됩니다.

¿Qué te gusta?

[께 떼 구스따?] 너는 무엇을 좋아하니?

상대방이 좋아하는 것이 여러 개일 수도 있지만,
일단 묻는 사람 입장에서는 단수로 물어봐도 충분합니다.
좋아하는 것이 여러 가지라서 동사를 복수로 쓰는 것이 좋겠다는 문제는
전적으로 대답하는 사람이 결정할 문제이니까요.

(**mucho** [무초] 많이, **uva** [우바] 포도, **entre** [엔뜨레] ~중에서, ~들 가운데서,
vario(a)s [바리오(아)스] 다양한, 여럿의, **fruta** [흐루따] 과일)

Me gustan mucho las uvas entre varias frutas. ¿Qué te gusta?

[메 구스딴 무초 라스 우바스 엔뜨레 바리아스 흐루따스. 께 떼 구스따?]
나는 과일들 중에서 포도를 좋아해. 너는 무엇을 좋아하니?

훌쩍! 떠나라~ 당신!

열심히 하셨습니다.

그렇다면 어딘가로 훌쩍 떠나보고 싶다는 생각이 들 법도 하지요.

어딘가로 '가다' 의 뜻을 갖는 스페인어 동사는 **ir** [이르]입니다. 즉 방향성을 내포한 동사지요. 영어의 **go** 가 단순한 '가다' 의 의미를 넘어서 **be going to**… 용법 등으로 활용되듯이 스페인어의 **ir** 동사 역시 '**ir + a + 동사원형**' 의 형태를 취해 미래를 나타내는 기능을 갖고 있기도 합니다. 그러나 이 미래와 관련된 용법은 뒤의 20과에서 다시 다루기로 하고 여기서는 단순히 '가다' 라는 의미의 동사 사용법만 익히겠습니다.

우선 동사가 불규칙하게 변화하므로 동사의 형태부터 보겠습니다.

(**banco** [방꼬] 은행, **iglesia** [이글레시아] 교회, **restaurante** [레스따우란떼] 식당, **fútbol** [훗볼] 축구, **campo de fútbol** [깜뽀 데 훗볼] 축구장, **todo junto** [또도 훈또] 모두 다함께)

단수		복수	
yo	voy	nosotros	vamos
tú	vas	vosotros	vais
él	va	ellos	van

Yo voy a mi casa.

[요 보이 아 미 까사.] 나는 우리 집으로 갑니다.

Tú vas al banco.

[뚜 바스 알 방꼬.] 너는 은행에 간다.

Él va a la iglesia.

[엘 바 알 라 이글레시아.] 그는 교회에 갑니다.

Nosotros vamos al restaurante.

[노소뜨로스 바모스 알 레스따우란떼.] 우리는 식당에 갑니다.

Vosotros vais al campo de fútbol.

[보소뜨로스 바이스 알 깜뽀 데 훗볼.] 너희들은 축구장에 간다.

Ustedes van juntos.

[우스떼데스 반 훈또스.] 여러분들은 모두 함께 갑니다.

자, 이제 **gustar** 동사도 섭렵했고 **ir** 동사도 제대로 익혔으니 두 개를 한 곳에 '모아 모아' 새로움을 창조해볼까요? 그리고 스페인 친구에게 과감히 먼저 물어보세요. '너 수영 좋아하니?'

(**al** [알] ~로(전치사 **a**+정관사 **el**), **mar** [마르] 바다)

Me gusta ir al mar.

[메 구스따 이르 알 마르.] 나는 바다에 가는 게 좋아.

Me gusta nadar.

[메 구스따 나다르.] 수영을 좋아하거든.

¿Te gusta nadar?

[떼 구스따 나다르?] 너 수영 좋아하니?

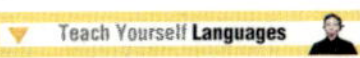

Quiero ir al mar.

019

나는 바다에 가고 싶어.
Quiero ir al mar.

[끼에로 이르 알 마르.] 조동사 poder, deber, querer

세상은 혼자 살아갈 수 없듯이 동사도 혼자서 동사 역할을 다 할 수는 없지요.
도움의 손길을 내미는 '조동사'들과 어우러진다면 '본동사'의 의미가 한층
돋보일 수 있을 겁니다. 다양한 '조동사'들을 섭렵해볼까요?

Take the Pleasure of Learning! It makes learning a language fun and fast.

멸치도 생선인데,
조동사도 동사지!

이번 과에서는 실생활에 아주 유용하게 쓸 수 있는 조동사를 공부하겠습니다. 스페인어는 아시는 바와 같이 기본적인 문장의 구성이 '주어 + 동사 + 보어' 의 형태로 되어 있습니다. 영어와 마찬가지죠. 조동사가 사용되는 경우도 달라지지 않습니다. 조동사도 동사의 일종으로 동사 앞에 위치하여 '주어 + 조동사 + 동사원형(본동사) + 보어' 의 형태를 그대로 유지하며, 조동사를 뒤따라오는 본동사의 형태는 늘 원형입니다. 간단한 영어문장과 한번 비교해볼까요?

I can speak English.
Yo puedo hablar inglés.

[요 뿌에도 아블라르 잉글레스.] 나는 영어를 할 줄 압니다.

이렇게 영어와 스페인어는 둘 다 공히 '주어 + 조동사 + 동사 + 목적어' 의 형태를 취하고 있는 것이 확인되었지요? 그럼 다른 조동사들도 몇 가지 알아두도록 합시다. 위에 나온 **poder** [뽀데르] (~할 수 있다) 이외에도 일상생활 속에서 **deber** [데베르] (~해야만 한다), **querer** [께레르] (~하고 싶다) 등의 조동사들을 자주 접할 수 있습니다. 다시 한 번 강조하지만, 이런 조동사들 뒤에 나오는 동사의 형태는 원형의 형태를 갖는다는 사실을 잊지 마시기 바랍니다.

Yo hablo español.

[요 아블로 에스빠뇰.] 나는 스페인어를 합니다.

Yo puedo hablar español.

[요 뿌에도 아블라르 에스빠뇰.] 나는 스페인어를 할 줄 압니다.

Yo debo hablar español.

[요 데보 아블라르 에스빠뇰.] 나는 스페인어를 해야 합니다.

Yo quiero hablar español.

[요 끼에로 아블라르 에스빠뇰.] 나는 스페인어를 하고 싶습니다.

그럼 이번에는 이런 조동사들이 대부분 불규칙 동사이므로, 복습 차원에서 이 동사들의 변화 형태를 알아보기 쉽게 정리해보기로 하겠습니다.

	poder	deber	querer
단수			
yo	puedo	debo	quiero
tú	puedes	debes	quieres
él	puede	debe	quiere
복수			
nosotros	podemos	debemos	queremos
vosotros	podéis	debéis	queréis
ellos	pueden	deben	quieren

대표 조동사 등장이요~!
haber, estar, ser~

이처럼 조동사는 이름 그대로 '助動詞', 그야말로 본동사를 도와주는 보조 역할을 하는 동사임을 알 수 있습니다. 즉 동사의 의미나 기능을 보충해주는 동사인 셈이지요. 물론 전혀 다른 기능을 하는 조동사들도 이미 몇 가지 본 적이 있었던 걸 기억하실 겁니다.

예를 들어, 시제를 나타내는 조동사 **haber** (완료시제-현재완료)와 **estar** (진행시제-현재 진행형), 그리고 수동태를 나타내는 조동사 **ser** 같은 것 말입니다. 물론 이 경우에는 조동사가 진행형이나 완료형 등의 시제를 나타내거나 수동태를 나타낼 뿐 고유의 의미는 전혀 갖지 않았었지요. 뒤에 동사원형을 데리고 다니지도 않았고요. 잠시 기억을 더듬어볼까요?

(**partir** [빠르띠르] 출발하다, **avión** [아비온] 비행기, **para** [빠라] ~를 향해, **chicha** [치까] 소녀, **salir** [살리르] 나가다, **cafetería** [까풰떼리아] 카페테리아, **viajar** [비아하르] 여행하다, **juego** [후에고] 게임, **Internet** [인떼르넷] 인터넷, **oficina** [오휘씨나] 사무실, **decorar** [데꼬라르] 꾸미다, **secretaría** [세끄레따리아] 비서, **florero** [흘로레로] 꽃병, **roto** [로또] 부서진 (동사 **romper** 의 과거분사형))

haber : 완료시제-현재완료

Ha partido el avión para Madrid.

[아 빠르띠도 엘 아비온 빠라 마드리드.]
마드리드 행 비행기가 출발했다.

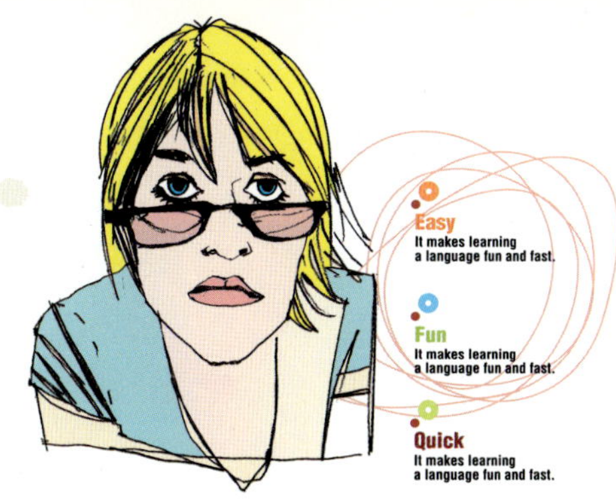

Las chicas han salido de la cafetería.

[라스 치까스 안 살리도 델 라 까훼떼리아.]

소녀들이 카페테리아에서 나왔다.

estar : 진행시제-현재 진행형

Ella está viajando por España.

[에이야 에스따 비아한도 뽀르 에스빠냐.]

그녀는 스페인을 여행하고 있다.

Nosotros estamos haciendo el juego de Internet.

[노소뜨로스 에스따모스 아씨엔도 엘 후에고 데 인떼르넷.]

우리는 컴퓨터 게임을 하고 있습니다.

ser : 수동태

La oficina es decorada por la secretaría.

[라 오휘씨나 에스 에꼬라다 뽀를 라 세끄레따리아.]

사무실은 비서에 의해 꾸며진다.

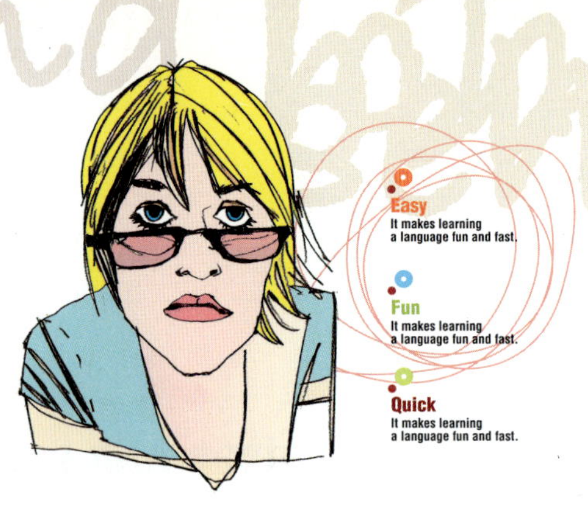

El florero es roto por los niños.

[엘 흘로레로 에스 로또 뽀를 로스 니뇨스.]

꽃병은 아이들에 의해 깨진다.

이름은 보잘 것 없는 조(助)동사지만 그 역할이 참 대단하죠? 주변을 둘러보면 보잘 것 없어 보이지만 결코 없어서는 안 될 것들이 참 많다는 걸 알 수 있습니다. 조동사의 가치를 충분히~ 인정하시고 널리널리 애용하시기 바랍니다.

자, 그럼 조동사를 이용해 새로 사귄 스페인 친구에게 한마디 건네 보죠.
'사실 나 바다에 가보고 싶거든~.'

Quiero ir al mar.

[끼에로 이르 알 마르.]

나는 바다에 가고 싶어.

SE HABLA ESPAÑOL

020

나는 바다에 갈 거야.
Voy a ir al mar.
[보이 아 이르 알 마르.] **ir a inf. / tener que inf.**

미래를 나타내고 싶다고 무조건 '동사의 미래형' 을
써야 하고, 의무를 나타내고 싶다고 무조건 **deber** 동사를
써야 하는 건 아닙니다. '모로 가도 서울로~' 라는 말도
있듯이 다르게 '미래' 나 '의무' 를 나타낼 수도 있다는
것이지요. 어떻게요? 한번 보실래요?

Take the Pleasure of Learning! It makes learning a language fun and fast.

ir 가 미래를 만든다!

미래 동사 변화를 미처 못 익히셨다고요? 그렇다면 미래 동사를 피해가야 하는 데, 미래를 나타내긴 해야겠고... 그럴 때 사용할 수 있는 것이 바로 'ir + a + 동사원형(inf.)' 의 형태, 즉 영어의 **be going to ...** 용법입니다. ir 동사만 주 격인칭대명사에 따라 변화시켜주면 (이미 18과에서 배웠던 것 기억하시지요?) 얼마든지 '~할 것입니다', '~하려고 합니다' 를 나타낼 수 있습니다. 먼저 앞 서 공부했던 동사 ir 의 변화부터 한번 되새겨볼까요?

단수		복수	
yo	voy	nosotros	vamos
tú	vas	vosotros	vais
él	va	ellos	van

동사 형태를 복습했으니 바로 미래를 표현해보세요. 각각의 주격인칭대명사 에 해당되는 ir 동사에, 전치사 a 와 실제로 시행할 동사의 원형을 나란히 붙여 주면 됩니다.

(**tomar** [또마르] 먹다, 마시다, **mucho** [무초] 많이, 열심히, **cantar** [깐따르] 노래하 다, **mayor** [마요르] 더 큰, **bailar** [바일라르] 춤추다, **junto** [훈또] 함께, 같이, **padres** [빠드레스] 부모님)

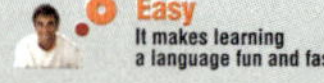

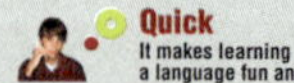

Yo voy a tomar el café.

[요 보이 아 또마르 엘 까풰.] 나는 커피를 마실 것입니다.

Tú vas a estudiar mucho.

[뚜 바스 아 에스뚜디아르 무초.] 너는 공부를 열심히 할 것이다.

María va a cantar con su hermano mayor.

[마리아 바 아 깐따르 꼰 수 에르마노 마요르.]
마리아는 오빠와 함께 노래 부를 것이다.

Nosotros vamos a bailar juntos.

[노소뜨로스 바모스 아 바일라르 훈또스.] 우리는 함께 춤출 것입니다.

Mis padres van a ir a España.

[미스 빠드레스 반 아 이르 아 에스빠냐.] 나의 부모님은 스페인에 갈 것입니다.

173 Teach Yourself Languages

물론 의문문에서도 **ir + a + inf.** 형을 사용할 수 있습니다.
(**traducir** [뜨라두씨르] 번역하다, **novela** [노벨라] 소설, **sí** [씨] 네)

¿Usted va a traducir esta novela española?

[우스뗏 바 아 뜨라두씨르 에스따 노벨라 에스빠뇰라?]
당신은 이 스페인 소설책을 번역하실 겁니까?

Sí. Yo voy a traducirla.

[씨. 요 보이 아 뜨라두씨를라.] 네. 나는 그것을 번역할 겁니다.

대답 속의 **traducirla** 는 **traducir** 동사에 곧이어 직접목적어 **la** 가 쓰인 형태
입니다. '소설' 을 의미하는 **novela** 라는 어휘가 여성단수 명사이므로 직접목
적격 인칭대명사 **la** 로 대체된 것이지요.

이렇게 **ir** 동사를 활용해 미래를 나타낼 수 있는 데 비해, **tener** [떼네르] (갖다,
소유하다) 동사를 활용하면 '의무' 즉 '~ 해야 한다' 형태의 문장을 만들 수
있습니다. 바로 **tener + que + inf.** 가 그것입니다. 다만, **no tener + que + inf**
는 언뜻 생각하는 것처럼 '~해서는 안 된다' 가 아니라 '~할 필요는 없다' 로
해석됩니다. 그럼 우선 동사 **tener** 의 형태부터 간단하게 익힌 뒤 출발하죠. 물
론 자세한 **tener** 동사의 활용법은 23과에서 따로 설명하도록 하겠습니다.

단수		복수	
yo	**tengo** [뗑고]	**nosotros**	**tenemos** [떼네모스]
tú	**tienes** [띠에네스]	**vosotros**	**tenéis** [떼네이스]
él	**tiene** [띠에네]	**ellos**	**tienen** [띠에넨]

tener + que + inf. 용법은 영어의 **have to** 용법에 해당된다고 보면 됩니다. 따라서 각 주격인칭대명사에 해당되는 **tener** 동사에 **que**, 그리고 실제로 시행해야할 동사의 원형을 나란히 붙여주면 됩니다.
(**preparar** [쁘레빠라르] 준비하다, **cena** [쎄나] 저녁식사, **aprender** [아쁘렌데르] 배우다, **tomar** [또마르] 타다, 먹다, 잡다, **avión** [아비온] 비행기, **nadar** [나다르] 수영하다, **hasta** [아스따] ~까지, **isla** [이슬라] 섬, **enfermeras** [엔훼르메라스] 간호사들, **cuidar** [꾸이다르] 보살피다, **huérfano** [우에르화노] 고아)

175 Teach Yourself Languages

Yo tengo que preparar la cena.
[요 뗑고 께 쁘레빠라르 라 쎄나.] 나는 저녁식사 준비를 해야합니다.

Tu tienes que leer este libro.
[뚜 띠에네스 께 레에르 에스떼 리브로.] 너는 이 책을 읽어야 한다.

Sujin tiene que aprender el español.
[수진 띠에네 께 아쁘렌데르 엘 에스빠뇰.] 수진은 스페인어를 배워야 합니다.

Tú y yo tenemos que tomar el avión para Madrid.
[뚜 이 요 떼네모스 께 또마르 엘 아비온 빠라 마드릿.]
너와 나는 마드리드 행 비행기를 타야 한다.

Vosotros tenéis que nadar hasta esa isla.
[보소뜨로스 떼네이스 께 나다르 아스따 에사 이슬라.]
너희들은 그 섬까지 헤엄쳐 가야 한다.

Las enfermeras tienen que cuidar esos huérfanos.

[라스 엔훼르메라스 띠에넨 께 꾸이다르 에소스 우에르화노스.]
간호사들은 그 고아들을 보살펴야 합니다.

네 번째 예문에 보이는 **tú y yo** 에 주목해주세요. '누군가와 나' 를 표현할 때에는 예의상 '나' 를 끝에 언급합니다. 동방예의지국의 언어는 아닐지라도 기본은 지켜야 한다 이 말씀... 그리고 스페인어에는 '의무감' 을 담고 있는 다른 표현도 물론 다양하게 있습니다. 그 중 한 가지만 소개하자면 **hay que inf.** 가 바로 그것이지요. **haber** 동사의 3인칭 단수 불구동사 형태인 '**hay** [아이] ~이 있다' 에 **que** 와 동사원형을 붙여준 형태 말입니다. 다만, 아래 예문에서 볼 수 있듯이 **tener que inf.** 가 특정 주어가 존재하면서 주격인칭대명사에 따라 **tener** 동사의 형태가 달라진 것과는 달리 **hay que inf.** 는 무인칭 문장으로 사용된다는 점이 차이점입니다.
(**respetar** [레스뻬따르] 공경하다, **anciano(a)** [안씨아노(나)] 노인, **joven** [호벤] 젊은이, **guardar** [과르다르] 지키다, **silencio** [실렌씨오] 침묵)

Hay que respetar a los ancianos.

[아이 께 레스뻬따르 알 로스 안씨아노스.] 노인들을 공경해야 합니다.

Los jovenes tienen que respetar a los ancianos.

[로스 호베네스 띠에넨 께 레스뻬따르 알 로스 안씨아노스.]
젊은이들은 노인들을 공경해야 합니다.

Hay que guardar silencio.

[아이 께 과르다르 실렌씨오.] 침묵을 지켜야 합니다.

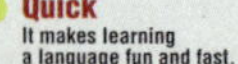

Todos tienen que guardar silencio.

[또도스 띠에넨 께 과르다르 실렌씨오.] 모두들 침묵을 지켜야 합니다.

한편, 앞서도 언급했듯이 **no tener + que + inf.** 는 '~할 필요는 없다' 의 의미를 갖습니다. (**conversar** [꼰베르사르] 대화하다, **vecino(a)** [베씨노(나)] 이웃, **para** [빠라] ~을 위하여, **solucionar** [솔루씨오나르] 해결하다, **problema** [쁘로블레마] 문제, **tan** [딴] 그토록, **nervioso(a)** [네르비오소(사)] 긴장한)

No tienes que conversar con los vecinos para solucionar el problema.

[노 띠에네스 께 꼰베르사르 꼰 로스 베씨노스 빠라 솔루씨오나르 엘 쁘로블레마.] 네가 그 문제를 해결하기 위해 이웃들하고 대화를 나눌 필요는 없다.

No tenemos que ser tan nerviosos.

[노 떼네모스 께 세르 딴 네르비오소스.] 우리가 그토록 긴장할 필요는 없다.

자, 그럼 마무리 멘트를 외쳐볼까요? (**sacar** [사까르] 꺼내다, 사진 찍다, **foto** [호또] 사진, **en** [엔] ~ 속에서, **playa** [쁠라야] 해변)

Voy a ir al mar.

[보이 아 이르 알 마르.] 나는 바다에 갈 거야.

Tengo que sacar una foto en la playa.

[뗑고 께 사까르 우나 호또 엔 라 쁠라야.] 해변에서 사진을 한 장 찍어야 해.

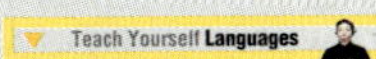

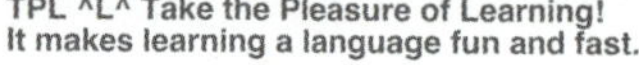

TPL ^L^ Take the Pleasure of Learning!
It makes learning a language fun and fast.

Easy
It makes learning
a language fun and fast.

Fun
It makes learning
a language fun and fast.

Quick
It makes learning
a language fun and fast.

Tú y yo ...

021

021

너와 나는...

Tú y yo ... [뚜 이 요...]

접속사 y, o, pero, porque, 수사

'접속!' 말 그대로 서로 맞대어 잇는
것입니다. 인터넷만 '접속'하는 게 아니라
문장과 문장도 얼마든 '접속사'들을 통해
'접속'할 수 있죠. 다양한 방식의 '접속'을
알아보겠습니다. 직렬... 병렬...
또한, 숫자는 '물 한 병'을 사는 데에도
몰라서는 안 될 기본 중의 기본!
최소한의 숫자는 기본으로 알아둬야죠.

기왕이면 유려하고 정확하게!

이제 아주 간단한 문장은 얼마든지 만들 수 있게 되었습니다. 그러나 조금 더 큰 욕심이 생기네요. 기왕이면 같은 명사라도 다양한 형용사를 붙여주고 싶어지고, 간단한 문장이라도 두세 개 이어서 내 마음을 좀 더 길게, 더 정확하게 표현하고 싶어진 겁니다. 그러자니 두 개의 단어, 혹은 두 개의 문장을 연결시켜 줄 접속사를 알아야 하겠습니다.

아주 기본적인 접속사로는 **y**(그리고), **o**(혹은), **pero**(그러나), **porque**(왜냐하면) 등 네 가지 정도를 들 수 있습니다. 이들 접속사들은 주로 양쪽 단어 혹은 문장의 성분들을 대등하게 연결시켜 주는 역할을 하고 있지요. 몇 가지 예문을 보면서 그 쓰임새를 익혀보도록 합시다.

(**alto(a)** [알또(따)] 키가 큰, 높은, **guapo(a)** [과뽀(빠)] 잘생긴, 예쁜, **tomar** [또마르] 갖다, 먹다 : **tomo, tomas, toma, tomamos, tomáis, toman, Coca-cola** [꼬까-꼴라] 코카콜라, **tías** [띠아스] 이모들, 고모들, **mercado** [메르까도] 시장, **vez** [베쓰] 번, 회, **veces** [베쎄스] vez의 복수, **semana** [세마나] 주, **por semana** [뽀르 세마나] 일주일에, **conducir** [꼰두씨르] 운전하다 : **conduzco, conduces, conduce, conducimos, conducís, conducen, coche** [꼬체] 자동차, **ganar** [가나르] 얻다, **nota** [노따] 점수, **amar** [아마르] 사랑하다, **se aman** [세 아만] (3인칭 복수)서로 사랑하다, **casarse** [까사르세] 결혼하다, **allí** [아이] 저기, **libre** [리브레] 자유로운, **ahora** [아오라] 지금, **hospital** [오스삐딸] 병원, **enfermo(a)** [엔훼르모(마)] 아픈, **solitario** [솔리따리오] 외로운)

Juan y María son hermanos.

[후안 이 마리아 손 에르마노스.] 후안과 마리아는 남매입니다.

Ella es alta y guapa.

[에이야 에스 알따 이 과빠.] 그 여자는 키가 크고 예쁩니다.

Yo puedo hablar español, y ella puede hablar coreano.

[요 뿌에도 아블라르 에스빠뇰, 이 에이야 뿌에데 아블라르 꼬레아노.]
나는 스페인어를 할 수 있고, 그 여자는 한국어를 할 줄 압니다.

¿Vas a Seúl o Pusan?

[바스 아 세울 오 부산?] 너는 서울로 가니, 아니면 부산으로 가니?

¿Ella quiere tomar café o Coca-cola?

[에이야 끼에레 또마르 까풰 오 꼬까-꼴라?]
그녀가 커피를 마시고 싶어합니까, 콜라를 마시고 싶어합니까?

Mis tías van al mercado 2 ó 3 veces por semana.

[미스 띠아스 반 알 메르까도 도스 오 뜨레스 베쎄스 뽀르 세마나.]
우리 이모들은 일주일에 두세 번 시장에 가신다.

Tú puedes conducir el coche pero yo no puedo conducir el coche.

[뚜 뿌에데스 꼰두씨르 엘 꼬체 뻬로 요 노 뿌에도 꼰두씨르 엘 꼬체.]
너는 운전할 줄 알지만, 나는 운전할 줄 몰라.

He estudiado mucho, pero no he ganado buenas notas.

[에 에스뚜디아도 무초, 뻬로 노 에 가나도 부에나스 노따스.]
나는 공부를 많이 했지만 좋은 성적을 거두지 못했다.

Ellos se aman, pero no pueden casarse.

[에이요스 세 아만, 뻬로 노 뿌에덴 까사르세.]
그들은 서로 사랑하지만 결혼할 수 없다.

No puedo ir allí, porque no estoy libre ahora.

[노 뿌에도 이르 아이, 뽀르께 노 에스또이 리브레 아오라.]
나는 그 곳에 갈 수 없어, 왜냐하면 지금 바쁘거든.

Voy al hospital porque estoy enfermo(a).

[보이 알 오스삐딸 뽀르께 에스또이 엔훼르모(마).]
나는 아프기 때문에 병원에 간다.

Porque tengo muchos amigos, no soy solitario(a).

[뽀르께 뗑고 무초스 아미고스, 노 소이 솔리따리오(아).]
나는 친구가 많기 때문에 외롭지 않다.

여섯 번째 예문에 나온 **2 ó 3 veces** 라는 표현은 '2~3번' 이라는 뜻이며 2와 3 사이의 **ó** 는 접속사 **o** 입니다. 다만 숫자와 숫자 사이에 접속사 **o** 가 오는 경우에는 숫자 '0' 과의 혼동을 피하기 위해 악센트를 찍어줍니다. '2~3번' 이 '203번' 이 되면 큰일 나겠죠?

하나, 둘, 셋! 김치~!

우리도 그렇지만, 스페인에서도 사진을 찍을 때면 영락없이 카운트를 합니다. 그러니 새로 사귄 스페인 친구들과 구경도 하고 기념촬영도 한 번씩 하려면 최소한 셋까지는 셀 줄 알아야겠지요? 그렇다고 셋까지만 해? 그럴 수는 없지요. 어차피 뽑은 칼...

날짜를 세려면 최소한 31까지는 알아야 할 거고, 시간을 말하려면 60분까지는 셀 줄 알아야 하고, 나이도 알려줘야 하고, 어쩌다 로또 복권에라도 당첨되면 당첨금 'OO 억' 이라는 소리도 한번 내봐야 하는데... 어쨌든 아무리 숫자를 피하려고 해봐야 어쩔 수 없습니다. 최소한의 숫자는 익혀놔야 할 것 같군요. 한번 보도록 하지요.

uno [우노] 1	**dos** [도스] 2
tres [뜨레스] 3	**cuatro** [꽈뜨로] 4
cinco [씽꼬] 5	**seis** [세이스] 6
siete [시에떼] 7	**ocho** [오초] 8
nueve [누에베] 9	**diez** [디에스] 10
once [온쎄] 11	**doce** [도쎄] 12
trece [뜨레쎄] 13	**catorce** [까또르쎄] 14
quince [낀쎄] 15	

기본 숫자인 1부터 10까지의 숫자들, 그리고 나름대로의 규칙(~ce)대로 이어져 나오는 11~15까지의 숫자들을 살펴보았습니다. 숫자 세기, 차원을 조금 높여볼까요? 내친김에 십 억까지 알아보겠습니다. 로또 복권에 당첨되었을 경우에 미리미리 대비해서 말이죠. 유비무환이라 했잖습니까? 한자랑 하려면요. ·__· 그럼, 이번에는 16부터 29까지 읽어보겠습니다. 이 숫자들은 '10 그리고 6, 10 그리고 7 ...' 의 방식으로 세기 때문에 아주 규칙적입니다.

dieciseis [디에씨세이스] 16	**diecisiete** [디에씨시에떼] 17
dieciocho [디에씨오초] 18	**diecinueve** [디에씨누에베] 19
veinte [베인떼] 20	**veintiuno** [베인띠우노] 21
veintidós [베인띠도스] 22	**veintitrés** [베인띠뜨레스] 23
veinticuatro [베인띠꽈뜨로] 24	**veinticinco** [베인띠씽꼬] 25
veintiséis [베인띠세이스] 26	**veintisiete** [베인띠시에떼] 27
veintiocho [베인띠오초] 28	**veintinueve** [베인띠누에베] 29

16의 경우 원래 **diez y seis** [디에스 이 세이스]의 세 단어로 이루어져 있었지만, 이것을 빠르게 읽다보니 [디에스이세이스], [디에스이세이스]..., [디에씨세이스]로 발음된 것입니다. 따라서 아예 짧게 줄인 단어를 사용하고 있지요. 29까지의 다른 숫자들도 마찬가지입니다.

다음은 31부터 99까지입니다. 먼저 30, 40, 50... 식으로 십 단위를 배워볼까요?

treinta [뜨레인따] 30

cuarenta [꽈렌따] 40

cincuenta [씽꾸엔따] 50

sesenta [세센따] 60

setenta [세뗀따] 70

ochenta [오첸따] 80

noventa [노벤따] 90

그리고 마지막으로 해야 할 것이 31부터 99까지의 숫자들인데, 이 숫자들은 그야말로 공식대로 세주면 됩니다. '30 + 1 = 31' 식으로 말입니다. 참고로, 숫자와 숫자 사이에 있는 **y** 는 앞에서 배웠듯이 영어의 **and** 에 해당하는 접속사입니다.

treinta y uno [뜨레인따 이 우노] 31

treinta y dos [뜨레인따 이 도스] 32

treinta y tres [뜨레인따 이 뜨레스] 33...

cuarenta y uno [꽈렌따 이 우노] 41

cuarenta y dos [꽈렌따 이 도스] 42...

cincuenta y ocho [씽꾸엔따 이 오초] 58...

setenta y seis [세뗀따 이 세이스] 76...

noventa y nueve [노벤따 이 누에베] 99

어떠세요? 나름대로 재미가 '쏠쏠' 하죠? 다음은 백, 천, 만, 백 만, 십 억입니다. '백' 은 **cien** [씨엔], '천' 은 **mil** [밀], '백 만' 은 **millón** [미욘], 그리고 '십 억' 은 백 만이 백 개, 즉 **cien millones** [씨엔 미요네스]입니다. (여기서 **millones** 는 백 만인 **millón** 의 복수형임을 눈치채셨겠지요?) 이 정도면 숫자가 제 아무리 커봐야 걱정할 것 없을 겁니다. 우선 백 단위부터 한번 살펴보고 그 다음에 공포의 숫자들에 도전해보기로 하겠습니다.

doscientos [도스씨엔또스] 200   **trescientos** [뜨레스씨엔또스] 300
cuatrocientos [꽈뜨로씨엔또스] 400 **quinientos** [끼니엔또스] 500
seiscientos [세이스씨엔또스] 600   **setecientos** [세떼씨엔또스] 700
ochocientos [오초씨엔또스] 800   **novecientos** [노베씨엔또스] 900
mil [밀] 1,000

cien(원래는 **ciento** 에서 **-to** 가 생략된 형태)이 숫자 '100' 이었던 만큼, '200' 은 '백이 두 개', '300' 은 '백이 세 개' 식으로 늘어나고 있지요? 다만 '500' 과 '700', '900' 만 약간 발음을 달리하고 있을 뿐입니다. 숫자만 나오면 공포에 떨던 경험이 있으셨던 분들! 이번에만은 두려움을 훌훌 털어 버리고 가뿐한 마음으로 도전해보세요. 숫자? 말로 하다 안 되면 아라비아 숫자를 종이에 적어 들이밀면 됩니다. 걱정할 것 하나도 없다는 말씀! ·0·

789	**setecientos ochenta y nueve**
815	**ochocientos quince**
1,588	**mil quinientos ochenta y ocho**

마지막 십 단위와 일 단위 사이에 한번만 접속사 **y** 를 써주는 것에 주목하시기 바랍니다. 그리고 한 가지 재미난 것! 스페인어에서는 숫자를 쓸 때 우리와는 다른 점이 하나 있습니다. 앞의 1,588에서 알아채셨을지 모르지만, 우리가 숫자를 셀 때 세 단위마다 ',' [꼬마] 를 찍는 데 비해 스페인어에서는 세 단위마다 '.' [뿐또] 를 찍습니다. 반대로 소수를 쓸 때 우리는 소수점이라 해서 '.' 를 찍지요. 하지만 스페인어에서는 반대로 소수 사이에 ',' 를 찍어준답니다. 실제로 읽을 때에도 그대로 소리 내 읽고요.

2,5	[도스 꼬마 씽꼬]	2.5
3,28	[뜨레스 꼬마 베인띠 오초]	3.28

Teach Yourself Languages

022 오늘 날씨가 어때요?
¿Qué tiempo hace hoy?

[께 띠엠뽀 아쎄 오이?]

시간의 표현, 날씨의 표현

Easy
It makes learning
a language fun and fast.

Fun
It makes learning
a language fun and fast.

Quick
It makes learning
a language fun and fast.

022

¿Qué tiempo hace hoy?

숫자를 익혔다면 활용이 급선무!
시간을 말해봐야죠. 또한 일상생활에서
대화를 풀어가는 데 가장 좋은 소재는
뭐니뭐니해도 날씨가 아닐까요?
자연스러운 대화의 기초, '날씨' 를 알아봅니다.

지금 몇 시쯤 됐어요?

영어에서는 시간을 묘사할 때 **what** 과 **it's …** 를 사용하는 것에 비해 스페인어에서는 시간을 나타낼 때 이미 배운 바 있는 의문사 **qué** 와 동사 **ser** 를 사용합니다. 물론, 시간을 물어볼 자신이 없으면 시계를 차고 다니면 되지요. 하지만 누군가가 당신에게 시간을 묻는다면? (외국인에게 시간 묻는 현지인… 물론 별로 없습니다만요.) 당연히 대답해줘야겠지요. 어차피 숫자도 확실하게 익혀두었겠다, 걱정할 것 없습니다. 그럼 먼저 시간을 한번 물어보겠습니다.

(**hora** [오라] 시간, 시)

¿Qué hora es?

[께 오라 에스?] 지금 몇 시입니까?

¿Qué horas son?

[께 오라스 손?] 지금 몇 시입니까?

Es la una.

[에슬 라 우나.] 1시입니다.

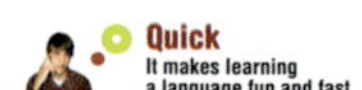

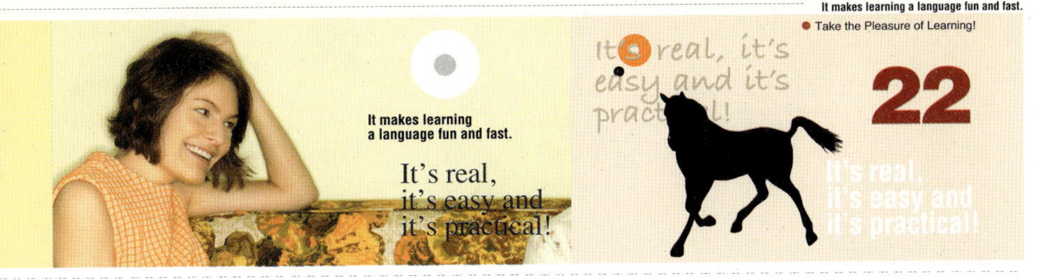

Son las 7 (siete).

[손 라스 시에떼.] 일곱 시입니다.

1시를 제외한 2시~12시는 복수이므로 늘 **son** 을 사용합니다. 또한 '~시에' 를 나타내는 전치사는 **a** 입니다.

(**llegar** [이예가르] 도착하다, **tren** [뜨렌] 기차, **comemos** [꼬메모스] 먹다, 점심식사 하다)

¿A qué hora llega el tren?

[아 께 오라 이예가 엘 뜨렌?] 기차는 몇 시에 도착합니까?

¿A qué hora comemos?

[아 께 오라 꼬메모스?] 몇 시에 점심식사 할까?

Comemos a las 2 (dos).

[꼬메모스 알 라스 도스.] 2시에 먹어.

새벽이야? 오후야?

이처럼 숫자를 알면 시간을 말하는 것도 어려울 것 없습니다.
그래서 이번에는 '오전에, 오후에' 와 같은 멋들어진 수식까지 붙여서 한번 말해보도록 하겠습니다. 단, 16과에서 '오전에, 오후에' 를 표현하면서 **por la mañana, por la tarde** 를 배웠는데, 구체적인 시간까지 언급하는 경우에는 전치사 **por** 대신에 **de** 를 사용합니다.

las nueve de la mañana

[라스 누에베 델 라 마냐나] 오전 9시

las once de la mañana

[라스 온쎄 델 라 마냐나] 오전 11시

las doce de la mañana

[라스 도쎄 델 라 마냐나] 낮 12시

las cinco y treinta de la tarde

[라스 씽꼬 이 뜨레인따 델 라 따르데] 오후 5시 30분

las nueve y veinte de la tarde

[라스 누에베 이 베인떼 델 라 따르데] 오후 9시 20분

las once y veintitrés de la noche

[라스 온쎄 이 베인띠뜨레스 델 라 노체] 밤 11시 23분

자, 시간을 말할 때에는 위의 예문에서처럼 **las** 라는 관사를 꼭 붙여줍니다. (물론 1시만 제외하고요. 1시의 관사는 단수이므로 **la**) 즉 '**ser** 동사 + 정관사 + 시간' 의 형태로 말하면 되는 것이지요. 거기에 오전에는 **de la mañana**, 오후에는 **de la tarde**, 저녁 또는 밤에는 **de la noche** 를 시간 뒤에 넣어주면 '오전/오후/밤 ～시에' 라는 표현이 됩니다.

물론, 우리도 '7시 반' 이라는 표현을 쓰듯이 스페인어에도 '반' 이라는 표현이 있습니다. 1시간(**hora**)의 절반이라는 의미에서 **media** [메디아] (절반)이라는 단어를 쓰지요. 방식은 똑같습니다. '3시 반' 이면 **Son las tres y media** [손 라스 뜨레스 이 메디아]라고 하면 되니까요.

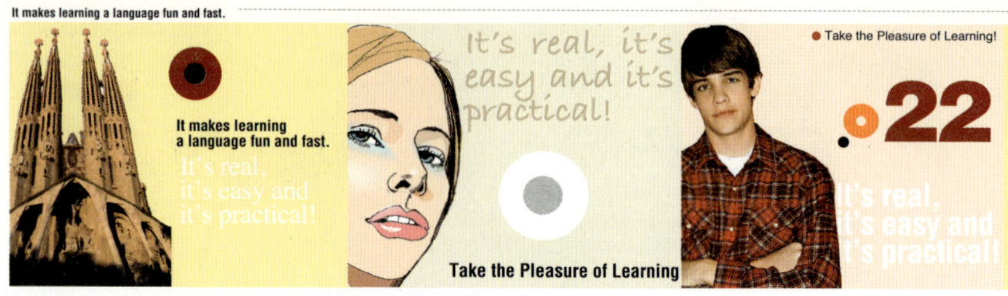

오호~! 날씨 좋은걸!

사람들은 특별히 할 이야기가 없을 때, 혹은 무슨 이야기부터 꺼내야할지 좀 난감할 때, 흔히 날씨 이야기를 합니다. '오늘 날씨 참 좋지요?' 혹은 '어머, 비가 오네요!' 그러면 아주 자연스럽게, 마치 요술이라도 걸린 듯이 다음에 무슨 말을 해야 할지가 떠오르곤 합니다.

앞에서 보신 것처럼 영어에서는 시간을 말할 때 **it's …** 를 사용할 뿐 아니라 날씨를 언급할 때에도 역시 **it's …** 를 사용하지요. 그러나 이에 비해 스페인어에서는 시간을 묘사할 때는 **ser** [세르](이다, 영어의 **be**) 동사를 사용했지만 날씨를 말할 때는 **hacer** [아쎄르] (하다, 만들다, 영어의 **make** 또는 **do**, 8과에서 배웠습니다.) 동사를 사용합니다. 즉 **hacer** 동사의 3인칭 단수 동사변화 **hace** 를 사용한 관용구로 그날그날의 날씨를 표현할 수 있다는 말입니다.
그럼 먼저 날씨를 한번 물어볼까요? 우리가 알고 있는 의문사 **qué** 를 활용하면 됩니다.

(**tiempo** [띠엠뽀] 날씨, 시간, **hoy** [오이] 오늘, **mal** [말] 나쁜(**malo**에서 'o' 가 탈락한 형태), **sol** [쏠] 태양, **nublado** [누블라도] 비구름, **frío** [흐리오] 추위, **calor** [깔로르] 더위, **lluvia** [이유비아] 비, **nieve** [니에베] 눈)

¿Qué tiempo hace hoy?

[께 띠엠뽀 아쎄 오이?] 오늘 날씨가 어때요?

Hace buen tiempo.

[아쎄 부엔 띠엠뽀.] 날씨가 좋습니다.

Hace mal tiempo.

[아쎄 말 띠엠뽀.] 날씨가 나쁩니다.

Hace sol.

[아쎄 쏠.] 해가 납니다.

Hace nublado.

[아쎄 누블라도.] 구름이 끼었습니다.

Hace frío.

[아쎄 흐리오.] 춥습니다.

Hace calor.

[아쎄 깔로르.] 덥습니다.

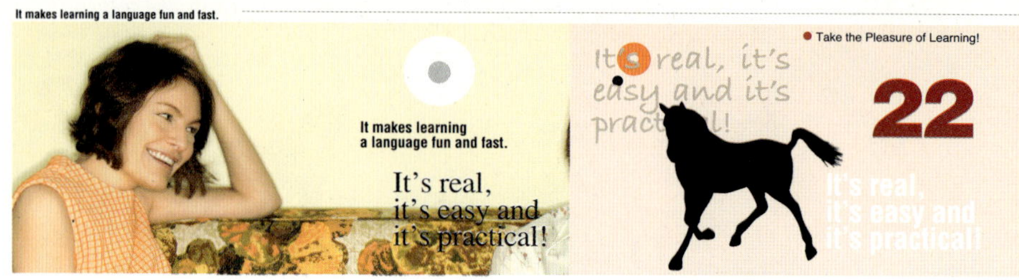

눈이 오거나 비가 올 때에는 다른 표현들과 달리 동사 **llover** [이요베르] (비가 오다)와 **nevar** [네바르] (눈이오다)를 그대로 살려 **Llueve.** 나 **Nieva.** 로 씁니다.

Mañana llueve mucho.

[마냐나 이유에베 무초.] 내일은 비가 많이 올 겁니다.

Hoy nieva mucho.

[오이 니에바 무초.] 오늘은 눈이 많이 내립니다.

Muy bien. 정말 잘 하고 계십니다.
이미 스페인어로 많은 이야기를 나눌 수 있을 만큼 발전하고 계신
여러분께 박수를 보내 드리면서, 다음 장으로 넘어가 보겠습니다.

Take the Pleasure of Learning!
It makes learning a language fun and fast.
Teach Yourself Languages
GALICIA
Metro
Gran Via
AUXAN
Locutorio
Telefónico
Telefónica

Easy
It makes learning
a language fun and fast.
Fun
It makes learning
a language fun and fast.
Quick
It makes learning
a language fun and fast.

023

배고파요!
Tengo hambre.
[뗑고 암브레.]
tener 동사, tener 동사의 관용구

자본주의 시대의 호모 사피엔스에게 '소유' 만큼 중요한 개념이 또 있을까요? 바로 **tener** 동사입니다. 또한 이 동사를 사용해 관용적으로 쓸 수 있는 표현도 무진장~합니다. 일상생활에서 유용하게 쓰이는 **tener** 동사의 관용구를 익혀봅니다.

나 '삐리릭~' 있어!

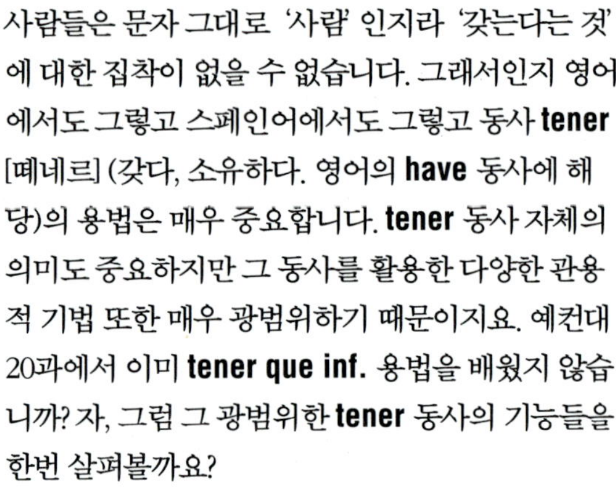

사람들은 문자 그대로 '사람' 인지라 '갖는다는 것' 에 대한 집착이 없을 수 없습니다. 그래서인지 영어 에서도 그렇고 스페인어에서도 그렇고 동사 **tener** [떼네르] (갖다, 소유하다. 영어의 **have** 동사에 해 당)의 용법은 매우 중요합니다. **tener** 동사 자체의 의미도 중요하지만 그 동사를 활용한 다양한 관용 적 기법 또한 매우 광범위하기 때문이지요. 예컨대 20과에서 이미 **tener que inf.** 용법을 배웠지 않습 니까? 자, 그럼 그 광범위한 **tener** 동사의 기능들을 한번 살펴볼까요?

'가짐' 보다는 버릴 수 있는 용기가 훨씬 가치 있음 을 알고 있으면서도 '나는 ~을 버렸어' 나 '나는 ~이 없어' 보다는 '나에게는 ~이 있어' 라는 문장 을 훨씬 많이 사용하게 되니 아이러니가 아닐 수 없 습니다. 그러나 현실에의 적응 역시 중요하겠지요? 우선, 불규칙하게 변화하는 **tener** 동사의 동사변화 를 살펴보고 문장에서의 쓰임새도 보겠습니다.

(**tener** [떼네르] 갖다, **mucho(a)** [무초(차)] 많은, **abuelo** [아부엘로] 할아버지, **años** [아뇨스] 해, 년(年))

	단수		복수
yo	**tengo** [뗑고]	**nosotros**	**tenemos** [떼네모스]
tú	**tienes** [띠에네스]	**vosotros**	**tenéis** [떼네이스]
él	**tiene** [띠에네]	**ellos**	**tienen** [띠에넨]

Yo tengo tres libros.

[요 뗑고 뜨레스 리브로스.]

나는 책을 세 권 갖고 있다.

Tú tienes muchos hermanos.

[뚜 띠에네스 무초스 에르마노스.]

너는 형제가 많다.

Mi abuelo tiene 80 años.

[미 아부엘로 띠에네 오첸따 아뇨스.]

내 할아버지는 연세가 여든이시다.

돈이 많은 친구에게는 '네가 한턱 쏴!' 라고 졸라댈
수 있습니다. 이처럼 기본적으로 '갖다, 또는 지니
고 있다 (영어의 **have**)' 에 해당되는 의미를 나타내
고자 할 때에는 **tener** 동사를 활용하시기 바랍니
다. 그럼 말 나온 김에 '한턱 쏴!' 도 볼까요? 우선 은
근 슬쩍 친구를 부추겨 주세요~!

(**dinero** [디네로] 돈 (물질명사이므로 늘 단수 형태로
사용))

Tú tienes mucho dinero.

[뚜 띠에네스 무초 디네로.] 너는 돈이 많다.

그리고 확실하게 못을 박아 주세요~!

(**invitas** [인비따스] 초대하다, **cena** [쎄나] 저녁식사)

¿Por qué no me invitas
a la cena?

[뽀르 께 노 메 인비따스 알 라 쎄나?]
왜 날 저녁식사에 초대하지 않는 거야?
= 저녁 한턱 쏘지 그래?

S
Take the Pleasure of Learning!
It makes learning a language fun and fast.
Teach Yourself Languages

너 몇 살이야?

여러분과 한판 해보겠다는 말이 아닙니다. 언뜻 들으니, 금방이라도 주먹이 나갈 것 같죠? 그건 아니고요, 스페인어에서 나이를 표현할 때에는 반드시 **tener** 동사를 사용하기 때문에 나이를 운운한 셈입니다. 물론 스페인에서는 친구가 되는 데 나이가 그렇게 중요하지는 않습니다. 나이 차이가 제법 나도 마음만 통한다면 얼마든지 친구가 될 수 있으니까요. 스페인어의 나이 헤아리는 방법은 영어보다는 우리말과 같은 원리라고 볼 수 있습니다. 직역하면 '내 안에 ~해 지니고 있어.' 즉 '나 ~살 먹었어.' 에 해당되니까 말입니다. 상대방의 나이를 물을 때도 마찬가지입니다. 이때에는 앞서 언급했던 의문사 **cuánto** 를 잘 활용해야겠지요?

(**año** [아뇨] 해, 년)

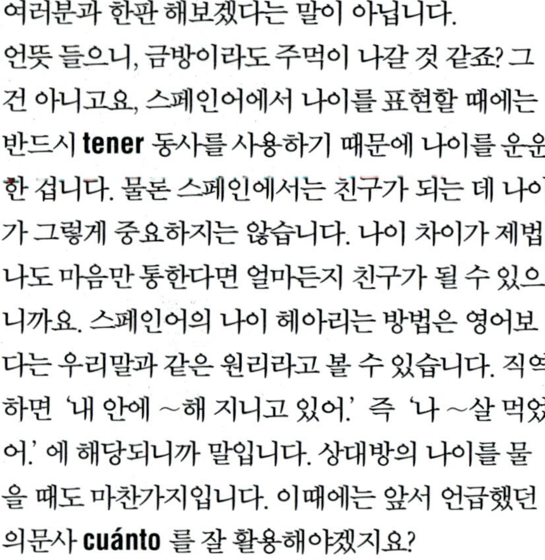

¿Cuántos años tiene?

[꾸안또스 아뇨스 띠에네?]
당신은 몇 살입니까?

Tengo treinta y cinco años.

[뗑고 뜨레인따 이 씽꼬 아뇨스.]
나는 서른 다섯 살입니다.

Take the Pleasure of Learning!
It makes learning a language fun and fast.
Teach Yourself Languages

아이고 배고파~!

나이도 중요하지요. 그러나 나이보다 중요한 게 있습니다. 일단 먹고 마시는 문제부터 해결해야하지 않겠습니까? 배고프고 목마른데 당할 장사가 없을 테니까요. 의외로 스페인에서 영어가 잘 통하지 않을 수도 있습니다. 물론 대도시나 관광지는 다르지만, 조그마한 소도시라도 찾아들면 물 한 잔 얻어먹기도 쉽지 않을 수 있습니다. 제 아무리 '물!', '워터!' 심지어 H_2O 해도 아무도 물 한 잔 주지 않을 수 있습니다. 그러니 가장 중요한 표현일 수 있겠죠. 잘 익혀두세요.

(**hambre** [암브레] 허기, 배고픔, **sed** [셋] 갈증, 목마름, **frío** [흐리오] 추위, **dolor** [돌로르] 고통, 아픔, **cabeza** [까베사] 머리)

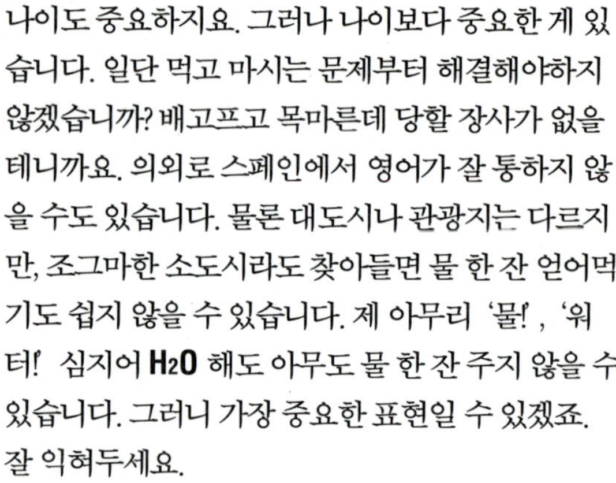

Tengo hambre.
[뗑고 암브레.] 나는 배가 고프다.

Tengo sed.
[뗑고 셋.] 나는 목이 말라요.

Tengo frío.
[뗑고 흐리오.] 나는 춥습니다.

Tengo dolor de cabeza.
[뗑고 돌로르 데 까베사.] 머리가 아파요.

S
Take the Pleasure of Learning!
It makes learning a language
fun and fast.

024

Tú eres más bonita que ella.

206 | Teach Yourself Languages

024

네가 그 여자보다 더 예뻐.

Tú eres más bonita que ella.

[뚜 에레스 마스 보니따 께 에이야.]

비교급과 최상급

열등비교 당하는 건 싫지만, 우등비교는 좋지요. 게다가 최상급이라면?
그 대단한 '엄친아'도 부러울 것 없겠지요. '여러분 자신'을 그 누구보다
사랑하실 여러분! 항상 여러분 스스로가 '최상급'임을 기억해주십시오~!

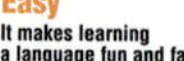
Easy
It makes learning
a language fun and fast.

Fun
It makes learning
a language fun and fast.

Quick
It makes learning
a language fun and fast.

Take the Pleasure of Learning! It makes learning a language fun and fast.

그녀는 예뻤다!

남하고 비교하지 않고 나 자신을 돌아보며 사는 것이 더 바람직할 수도 있겠지만, 끊임없는 발전을 위해서는 선의의 비교 역시 필요할 겁니다. 그러나 이런 논리에 앞서 텔레비전 앞에라도 앉아있을라치면 '도대체 저 아이는 뭘 먹고 살기에 저리 예쁜 걸까…?' 하는 생각이 절로 들지요. 그래서 거울을 들여다 볼 때쯤에는 **Ella es más bonita que yo.** [에이야 에스 마스 보니따 께 요.] (그녀는 나보다 예쁘다.)라는 문장을 되뇌지 않을 수 없는 겁니다. 하지만 염려 마세요. 예쁜 게 능사는 아니니까요. 예쁜 게 능사가 아니라는 걸 증명이라도 하기 위해 우리는 더 '열심히!!!' 배우고 익혀야겠지요? 자! 비교급 시작해봅시다.

그런데 네가 더 예뻐!

자! 그럼 누가 더 예쁜지 가려 볼까요? 길고 짧은 건 재봐야 알고, 예쁘고 안 예쁜 건 거울 보면 해결됩니다! 거울 준비되셨으면 시작합니다요~!
(**bonita** [보니따] 예쁜, 아름다운)

Ella es bonita.

[에이야 에스 보니따.]

그녀는 예쁘다.

Tú eres más bonita que ella.

[뚜 에레스 마스 보니따 께 에이야.]

네가 그녀보다 더 예쁘다.

비교문을 만들 때에는 '더' 혹은 '덜' 에 해당되는 단어 **más** [마스] 혹은 **menos** [메노스]를 먼저 형용사 앞에 넣어줍니다. 그리고 비교의 대상 앞에 '~보다' 를 의미하는 접속사 **que** 를 넣어주면 됩니다. 정리하자면, 비교문을 만드는 방법은 '**más (menos)** + 형용사/명사/부사 + **que**' 인 것입니다.

(**inteligente** [인뗄리헨떼] 영리한, 지혜로운, **hermana** [에르마나] 여자형제, **dinero** [디네로] 돈, **acuesta** [아꾸에스따] 눕히다, **tarde** [따르데] 늦게)

Tú eres inteligente.

[뚜 에레스 인뗄리헨떼.]

너는 영리해.

Tu hermana es más inteligente que tú.

[뚜 에르마나 에스 마스 인뗄리헨떼 께 뚜.]

네 여동생은 너보다 더 영리해.

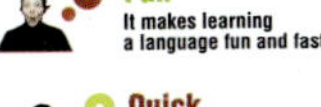

Ella tiene poco dinero.

[에이야 띠에네 뽀꼬 디네로.]

그녀는 돈이 별로 없습니다.

Yo tengo menos dinero que ella.

[요 뗑고 메노스 디네로 께 에이야.]

나는 그녀보다 더 돈이 없습니다.

Usted se acuesta tarde.

[우스뗏 세 아꾸에스따 따르데.]

당신은 늦게 잡니다.

Yo me acuesto más tarde que usted.

[요 메 아꾸에스또 마스 따르데 께 우스뗏.]

나는 당신보다 더 늦게 잡니다.

그래 네가 제일 예쁘다!

단순한 비교를 넘어 '가장 ~한' 과 같이 최상의 경지에 달하기를 원하시는 분들도 계실 겁니다. 그럼, 기왕 비교급을 공부한 김에 최상급까지 정복해버릴까요? 최상급은 비교급과 크게 다르지 않습니다. 다만, 최상의 자리에는 오직 '지존' 한 사람만이 위치할 수 있기 때문에 늘 정관사 **el/la** 를 붙여줍니다. 그리고 문장 말미에 '~ 중에서' 최상임을 나타내기 위해 비교대상이 되는 범위를 지정해주어야 합니다. 이때 사용하는 전치사는 **de** [데] (영어의 **of**)나 **entre** [엔뜨레] (영어의 **between** 또는 **among**)가 있습니다. 그러면 원급, 비교급, 최상급을 한번 비교하면서 확인해보세요.

Ella es bonita.

[에이야 에스 보니따.]
그녀는 예쁘다.

Tú eres más bonita que ella.

[뚜 에레스 마스 보니따 께 에이야.]
네가 그녀보다 더 예쁘다.

Tú eres la más bonita entre mis amigas.

[뚜 에레스 라 마스 보니따 엔뜨레 미스 아미가스.]
네가 내 친구 중에서 제일 예쁘다.

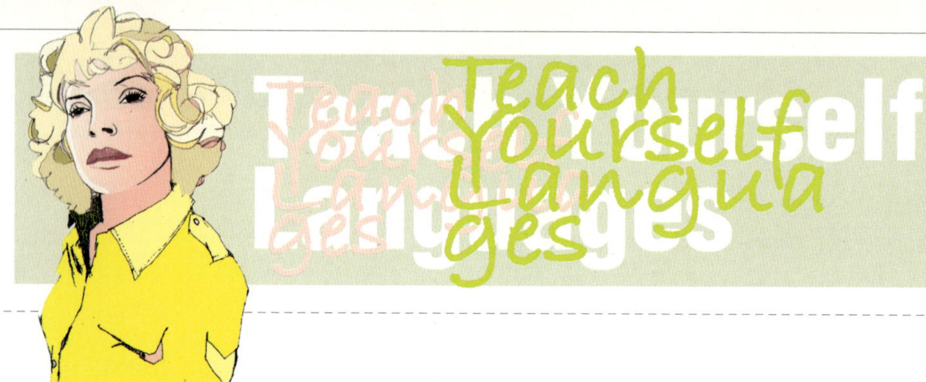

이 정도면 친구의 기분이 상당히 좋아졌을 것 같네요.
상대방을 칭찬해주어서 나쁠 것 없지요?
그럼 지금부터 상대방이 지닌 장점들을 찾아내어 최대한 칭찬해주고 격려해
주세요. 내 기분도 좋아집니다.

(**simpático** [심빠띠꼬] 상냥한, **gorda** [고르다] 뚱뚱한, **chicas** [치까스] 소녀들)

Tú eres el más simpático entre los estudiantes.

[뚜 에레스 엘 마스 심빠띠꼬 엔뜨렐 로스 에스뚜디안떼스.]

네가 학생들 중에서 제일 상냥하구나.

Usted es la menos gorda entre las chicas.

[우스뗏 에슬 라 메노스 고르다 엔뜨렐 라스 치까스.]

당신이 여자들 중에서 가장 덜 뚱뚱합니다.

약방의 감초! 불규칙 ㅠㅠ

불규칙 비교급과 최상급... 사실 어디에나 불규칙은 있는 법!
비교급이나 최상급이라고 해서 예외일 수는 없겠지요.
왜 영어에서도 **good** 의 비교급과 최상급이 **gooder** 나 **goodest** 가 아닌
better 와 **best** 이잖아요? 스페인어에서도 그렇습니다. 늘 골치 아픈 불규칙이
있는데 여기라고 왜 없겠어요? 하지만 몇 개 되지 않습니다. '약방의 감초' 불
규칙을 익혀볼까요? 단어 먼저 보고 문장으로 곧장 직진하겠습니다!!!
(최상급은 비교급에 정관사만 붙여주세요.)

(**fulbolista** [훗볼리스따] 축구선수, **todos** [또도스] 모두들, **coche** [꼬체] 자동차)

형용사　　　　　　　　　비교급

bueno ➡ **mejor**

[부에노] 좋은　　　　　　[메호르] 더 좋은

malo ➡ **peor**

[말로] 나쁜　　　　　　　[뻬오르] 더 나쁜

grande ➡ **mayor**

[그란데] 큰　　　　　　　[마요르] 더 큰, 더 나이 든

grande ➡ **más grande**

[그란데] 큰　　　　　　　[마스 그란데] 더 큰

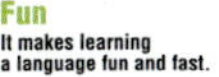

pequeño ➡ menor

[뻬께뇨] 작은   [메노르] 더 작은, 더 나이 어린

pequeño ➡ más pequeño

[뻬께뇨] 작은   [마스 뻬께뇨] 더 작은

Raúl es el mejor futbolista entre todos.

[라울 에스 엘 메호르 훗볼리스따 엔뜨레 또도스.]

라울은 모든 축구선수들 중에 최고의 선수입니다.

María es mayor que tú.

[마리아 에스 마요르 께 뚜.]

마리아가 너보다 나이가 더 많다.

Mi coche es más pequeño que tu coche.

[미 꼬체 에스 마스 뻬께뇨 께 뚜 꼬체.]

내 자동차가 네 자동차보다 더 작다.

오, 나의 형제여! 자매여!

특히, **grande** 와 **pequeño** 의 경우에는 어떤 용도로 쓰이느냐에 따라 비교급의 형태가 달라지는 데 유의해야 합니다. (앞 페이지를 참고하세요~!) 크기, 또는 덩치가 크고 작음을 나타낼 때에는 단순 비교 형태인 **más grande** 와 **más pequeño** 의 형태를 사용하지만, 나이의 많고 적음을 나타낼 때에는 **mayor** 와 **menor** 를 사용하기 때문입니다. 그래서 손위, 손아래의 형제 · 자매를 나타낼 때에는 다음과 같이 표현하는 것이지요.

hermano mayor

[에르마노 마요르] 형, 오빠

hermano menor

[에르마노 메노르] 아우, 남동생

hermana mayor

[에르마나 마요르] 언니, 누나

hermana menor

[에르마나 메노르] 누이, 여동생

Yo fui al cine ayer.

025

나는 어제 영화관에 갔습니다.
Yo fui al cine ayer. [요 후이 알 씨네 아예르.]

단순과거, 불완료과거

**Easy**
It makes learning
a language fun and fast.

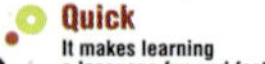**Fun**
It makes learning
a language fun and fast.

Quick
It makes learning
a language fun and fast.

살다보면 과거보다 오늘이, 오늘보다 내일이 더 중요할 것 같고,
더 많은 의미를 지닐 것 같은데, 은근히 말하는 걸 들어보면
'과거' 시제가 더 많이 쓰입니다. 아마도 인간이 시간의 축적물이기
때문일지도 모르겠습니다. 어차피 현재는 과거의 성적표에 다름 아니니,
우리들의 찬란했던 과거를 돌아보도록 하겠습니다.

폭탄! 단순과거

철학이나 문학이나 심오한 사상이나 종교도 결국에는 '삶' 과 '죽음' 의 문제에 대한 끊임없는 성찰의 총체라고들 합니다. '삶' 과 '죽음' 의 문제를 한 단어로 규정한다면, 바로 '시간' 아닐까요? 그만큼 시간은 인간에게 있어 가장 중요한, 그래서 늘 풀어보려고 안간힘을 쓰는 테마일 것입니다.

언어에서도 다양한 시간의 흔적들을 표현해내기 위한 장치들을 마련하고 있습니다. 바로 '시제' 라는 것이지요. 지금까지 우리는 '현재' 에 집중해서 모든 문법적인 내용들을 살펴보았습니다. 그러나 이제부터는 시간을 거슬러 올라가기도 하고, 또 앞날을 미리 점쳐보기도 하려 합니다. 미래동사를 통해 미래의 희망을 나타내는 일도 중요하겠지만, 그 전에 나 자신을 돌아보는 일이 필요합니다. 현재가 끊임없이 과거가 되어가고 있음을 고려해본다면 과거동사를 사용해야 할 일들이 그만큼 많아진다는 뜻이 되겠지요?

지난 일을 회고하는 방법은 동사의 시제를 과거로 만들어주는 것입니다. 다만, 과거의 시제도 '단순과거' 와 '불완료과거' 이렇게 크게 둘로 나뉘니 잘 익혀두시기 바랍니다.

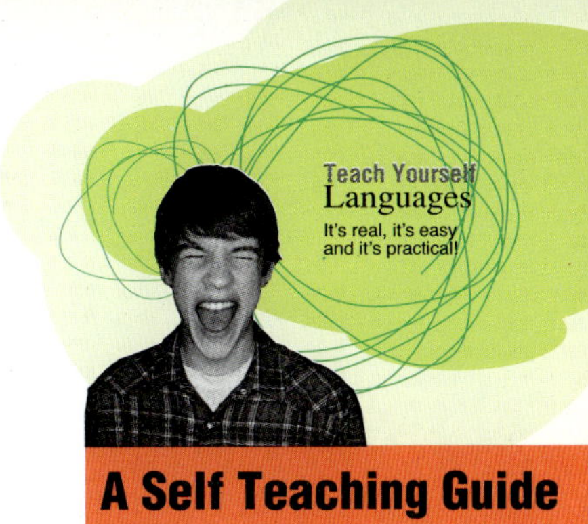

단순과거의 형태부터 보세요. 우선 규칙동사입니다.

	1동사 **hablar** 말하다	2동사 **comer** 먹다	3동사 **vivir** 살다
단수			
yo **tú** **él**	**hablé** **hablaste** **habló**	**comí** **comiste** **comió**	**viví** **viviste** **vivió**
복수			
nosotros **vosotros** **ellos**	**hablamos** **hablasteis** **hablaron**	**comimos** **comisteis** **comieron**	**vivimos** **vivisteis** **vivieron**

불규칙 동사의 단순과거형도 함께 볼까요?

	hacer 하다	**decir** 말하다	**venir** 오다
단수			
yo	**hice**	**dije**	**vine**
tú	**hiciste**	**dijiste**	**viniste**
él	**hizo**	**dijo**	**vino**
복수			
nosotros	**hicimos**	**dijimos**	**vinimos**
vosotros	**hicisteis**	**dijisteis**	**vinisteis**
ellos	**hicieron**	**dijeron**	**vinieron**

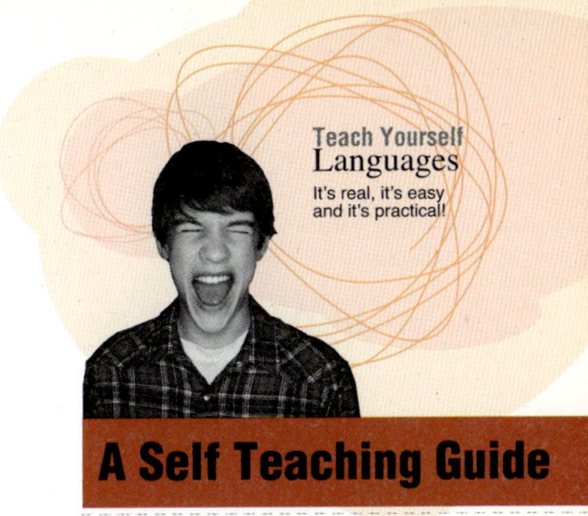

단순과거는 지나간 과거의 어느 한 순간에, 마치 '폭탄 터지듯이 펑!' 하고
발생하여 한 순간에 끝나버린 사건을 표현할 때 씁니다.
말하자면 한동안 지속된 일이나 과거의 상황을 묘사하듯 설명할 때에는
사용하지 않고 '단발성 사건' 에 대해서만 사용한다는 것입니다.

(**hoy** [오이] 오늘, **ayer** [아예르] 어제, **ir** [이르] 가다 : **fui, fuiste, fue, fuimos,
fuisteis, fueron**)

Yo vine hoy a las cinco.

[요 비네 오이 알 라스 씽꼬.]
나는 오늘 다섯 시에 왔습니다.

¿Qué hiciste ayer?

[께 이씨스떼 아예르?]
너는 어제 무엇을 했니?

Yo fui al cine ayer con mis amigos.

[요 후이 알 씨네 아예르 꼰 미스 아미고스.]
나는 어제 친구들과 함께 영화관에 갔어.

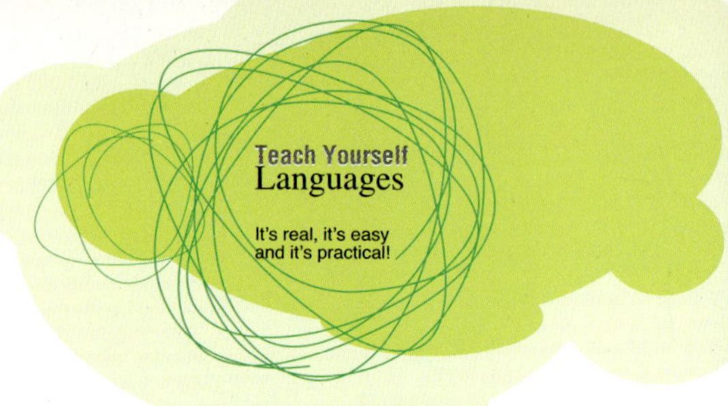

반복의 불완료 과거

단시간에 발생한 사건을 묘사하기 위해 단순과거를 사용했다면, 한동안 지속된 상황의 묘사, 혹은 단시간에 끝났더라도 매우 빈번하게 반복된 행동 등을 묘사할 때에는 불완료 과거를 사용합니다. 역시 동사변화 먼저 익히고 갈까요?

	1동사	2동사	3동사
	hablar	comer	vivir
yo	hablaba	comía	vivía
tú	hablabas	comías	vivías
él	hablaba	comía	vivía
nosotros	hablábamos	comíamos	vivíamos
vosotros	hablabais	comíais	vivíais
ellos	hablaban	comían	vivían

그리고 단 세 개밖에 없는 불규칙 동사변화도 마저 익혀버리세요. 아주 많이 사용되니까요.

	ser	ir	ver
	~이다	가다	보다
yo	era	iba	veía
tú	eras	ibas	veías
él	era	iba	veía

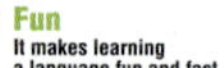

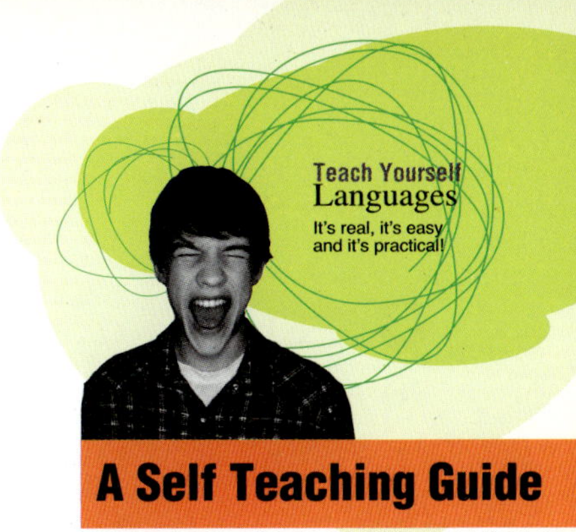

nosotros	éramos	íbamos	veíamos
vosotros	erais	ibais	veíais
ellos	eran	iban	veían

그럼 이제 불완료과거형을 문장을 통해 연습해보세요~!

(**antes** [안떼스] ~전에, **todos** [또도스] 모두들, 모든, **sábado** [사바도] 토요일, **noche** [노체] 밤, **oscura** [오스꾸라] 어두운, 캄캄한)

Antes yo vivía en Pusan.

[안떼스 요 비비아 엔 부산.]
나는 전에 부산에 살았습니다.

Todos los sábados íbamos al cine.

[또도스 로스 사바도스 이바모스 알 씨네.]
토요일마다 우리는 영화관에 가곤 했습니다.

Era la noche muy oscura.

[에라 라 노체 무이 오스꾸라.]
아주 캄캄한 밤이었습니다.

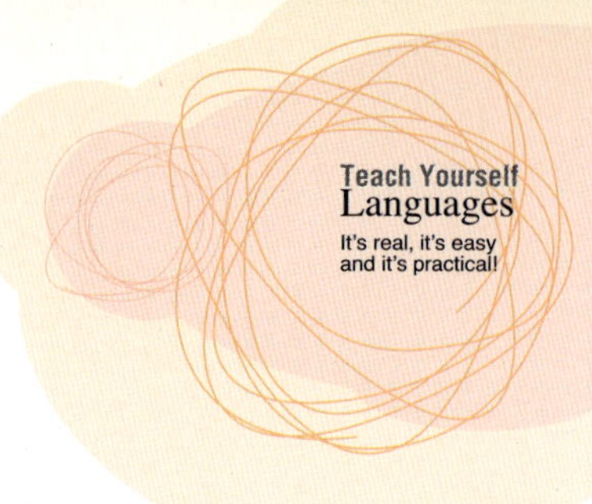

함께 어우러져 보아요!

부정과거와 불완료과거를 한 문장 속에서 비교해보시겠어요?
그러면 사용법이 좀 더 명확해질 겁니다.
(**España** [에스빠냐] 스페인, **entró** [엔뜨로] 들어갔다, **televisión** [뗄레비시온] 텔레비전)

Cuando fui a España, tenía veinticinco años.

[꾸안도 후이 아 에스빠냐, 떼니아 베인띠씽꼬 아뇨스.]
내가 스페인에 갔을 때는 스물 다섯 살이었습니다.

Cuando mi mamá entró en la casa, yo veía la televisión.

[꾸안도 미 마마 엔뜨로 엔 라 까사, 요 베이아 라 뗄레비시온.]
어머니께서 집에 들어오셨을 때, 나는 텔레비전을 보고 있었다.

이제는 친구에게 어제 뭘 했었는지 말할 수 있을 것 같습니다. "저, 실은... 스페인어 좀 잘해볼까 싶어서 혼자 극장에 가서 스페인 영화 보고 왔는데..."

Yo fui al cine ayer.

[요 후이 알 씨네 아에르.] 나는 어제 영화관에 갔었어.

PARIS
Change
Caixa Sabadell
P
Multa
Take the Pleasure of Learning!
It makes learning a language fun and fast.
Languages

026

너에게 편지를 쓸 거야.
Te escribiré una carta.
[떼 에스끄리비레 우나 까르따.] 미래

026

what's NEW

Te escribiré una carta.

과거를 통해 다져진 현재를 발판으로 희망찬 미래를 가꿔가는 것이야 말로 모든 이의 희망일 겁니다. 그럼 그 희망의 미래를 '미래' 시제를 통해 표현해볼까요? 다양한 동사의 미래형을 살펴보겠습니다.

우리 미래를 얘기해요!

이제 과거를 반추해보았으니 지금부터는 앞날에의 희망을 가지고 '미래' 를 가꿔보기로 하겠습니다. 미래를 표현하는 가장 단순한 방법은 동사를 미래형 으로 고쳐주는 것입니다.

	1동사	2동사	3동사
	hablar	comer	vivir
yo	hablaré	comeré	viviré
tú	hablarás	comerás	vivirás
él	hablará	comerá	vivirá
nosotros	hablaremos	comeremos	viviremos
vosotros	hablaréis	comeréis	viviréis
ellos	hablarán	comerán	vivirán

물론 동사변화가 미래형이다 보니 미래를 드러내는 단어나 부사구와 함께 오 는 경우가 다반사겠지요?

(**tren** [뜨렌] 기차, **tomamos** [또마모스] 타다, **pan** [빤] 빵, **tarde** [따르데] 오후, **comeré** [꼬메레] 먹을 것이다, **terraza** [떼라사] 테라스, **solo** [쏠로] 홀로, 혼자서, **vivirá** [비비라] 살 것이다, **familia** [화밀리아] 가족, **próximo** [쁘록시모] 다음의)

Nosotros tomamos el tren.

[노소뜨로스 또마모스 엘 뜨렌.]
우리는 기차를 탑니다.

Nosotros tomaremos el tren mañana por la mañana.

[노소뜨로스 또마레모스 엘 뜨렌 마냐나 뽀를 라 마냐나.]
우리는 내일 아침에 기차를 탈 것입니다.

Yo como pan con mi mamá.

[요 꼬모 빤 꼰 미 마마.]
나는 엄마와 함께 빵을 먹습니다.

Esta tarde yo comeré pan con mi mamá en la terraza.

[에스따 따르데 요 꼬메레 빤 꼰 미 마마 엔 라 떼라사.]

오늘 오후에 나는 엄마와 함께 테라스에서 빵을 먹을 것입니다.

Usted vive solo.

[우스뗏 비베 솔로.]

당신은 혼자 삽니다.

Usted vivirá con su familia el año próximo.

[우스뗏 비비라 꼰 수 화밀리아 엘 아뇨 쁘록시모.]

당신은 내년에는 가족들과 함께 살 것입니다.

그러나 반드시 동사의 미래형을 사용해야만 미래를 표현할 수 있는 건 아닙니다. 기존에 익혔던 또 다른 방법들로도 미래의 상당부분을 커~버할 수 있는데 기억나시죠? 바로 동사의 현재형으로도 미래의 일부를 표현할 수 있고, **ir a inf.** 로는 보란듯이 미래를 나타낼 수 있었던 것이요. 자, 이제 기억의 끝자락을 잘 더듬어 가볼까요?

Esta noche voy al cine con mis amigos españoles.

[에스따 노체 보이 알 씨네 꼰 미스 아미고스 에스빠뇰레스.]
오늘 밤 나는 내 스페인 친구들과 함께 극장에 가.

이 문장에서 **voy** 는 **ir** 동사의 현재형입니다만, 실제로는 '오늘 밤에 일어날 일' 을 나타내고 있습니다. 이처럼 가까운 미래 일부는 동사의 현재시제로도 커~버할 수 있다는 말씀!!!
또한 제20과에서 연습했던 **ir a inf.** 형태로도 같은 말을 할 수 있습니다.

Esta noche voy a ir al cine con mis amigos españoles.

[에스따 노체 보이 아 이르 알 씨네 꼰 미스 아미고스 에스빠뇰레스.]
오늘 밤 나는 내 스페인 친구들과 함께 극장에 갈 거야.

그러나 미래는 뭐니뭐니해도 동사의 미래형이 최고! 이제 스페인 친구들에게 말해보세요. '나 나중에 귀국하면 너희들에게 꼭 편지할게.' 라고요.
(**carta** [까르따] 편지, **echar de menos** [에차르 데 메노스] 그리워하다, 보고싶어하다)

Te escribiré una carta.

[떼 에스끄리비레 우나 까르따.]

너에게 편지를 쓸 거야.

Os echaré de menos.

[오스 에차레 데 메노스.]

너희들이 보고 싶을 거야.

Take the Pleasure of Learning!
It makes learning a language
fun and fast.
Teach Yourself Languages

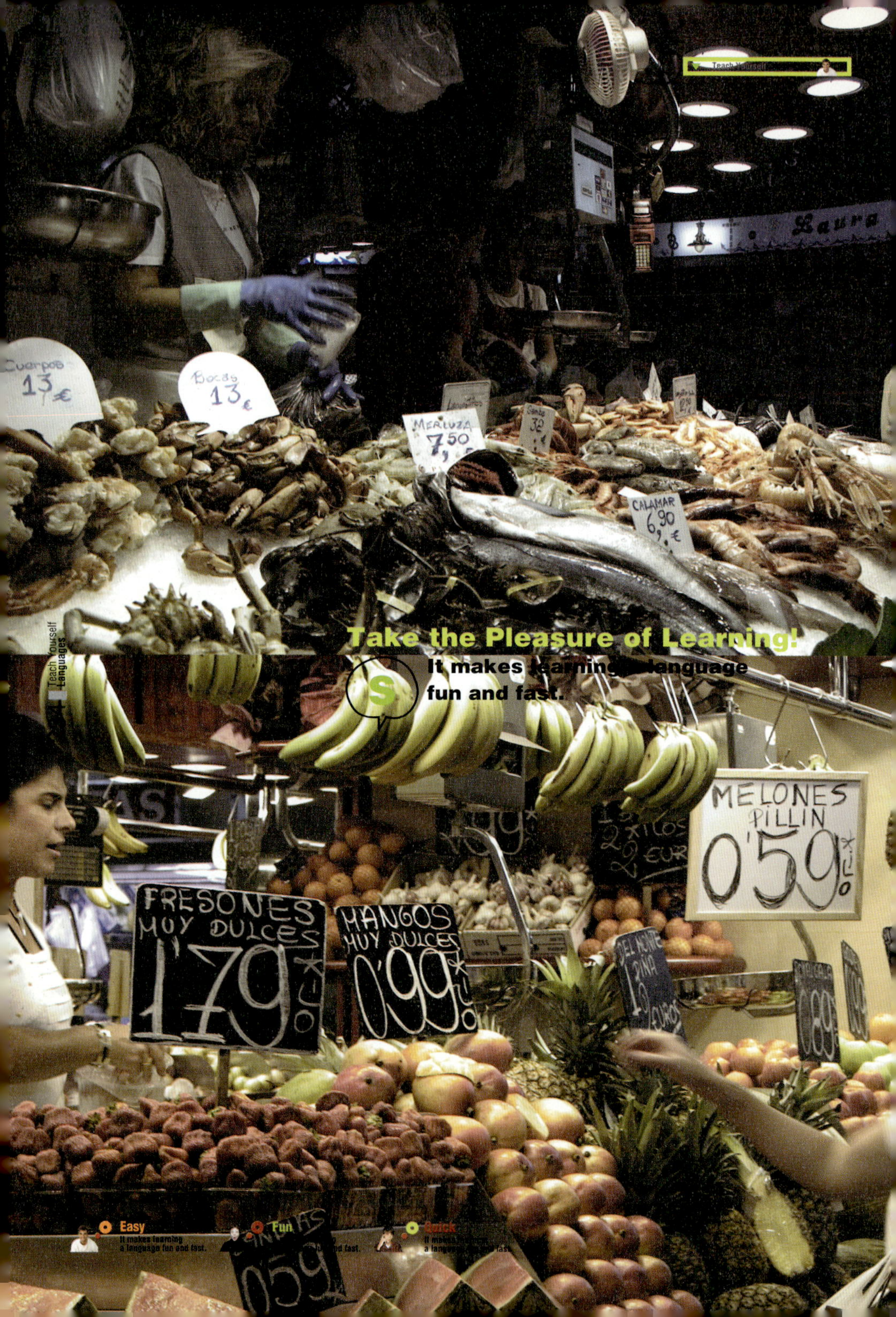

Teach Yourself
Laura
Cuerpos 13 €
Bocas 13 €
MERLUZA 7,50
Gamba 32 €
CALAMAR 6,90 €
Teach Yourself Languages
Take the Pleasure of Learning!
It makes learning a language fun and fast.
MELONES PILLIN 0'59
FRESONES MUY DULCES 1'79
MANGOS MUY DULCES 0'99
DEL MONTE PIÑA
Easy
It makes learning a language fun and fast.
Fun
Quick
a language fun and fast.

Teach Yourself Languages
3778 CRC
Take the Pleasure of Learning!
It makes learning a language fun and fast.
Take the Pleasure of Learn
language fun and fast.

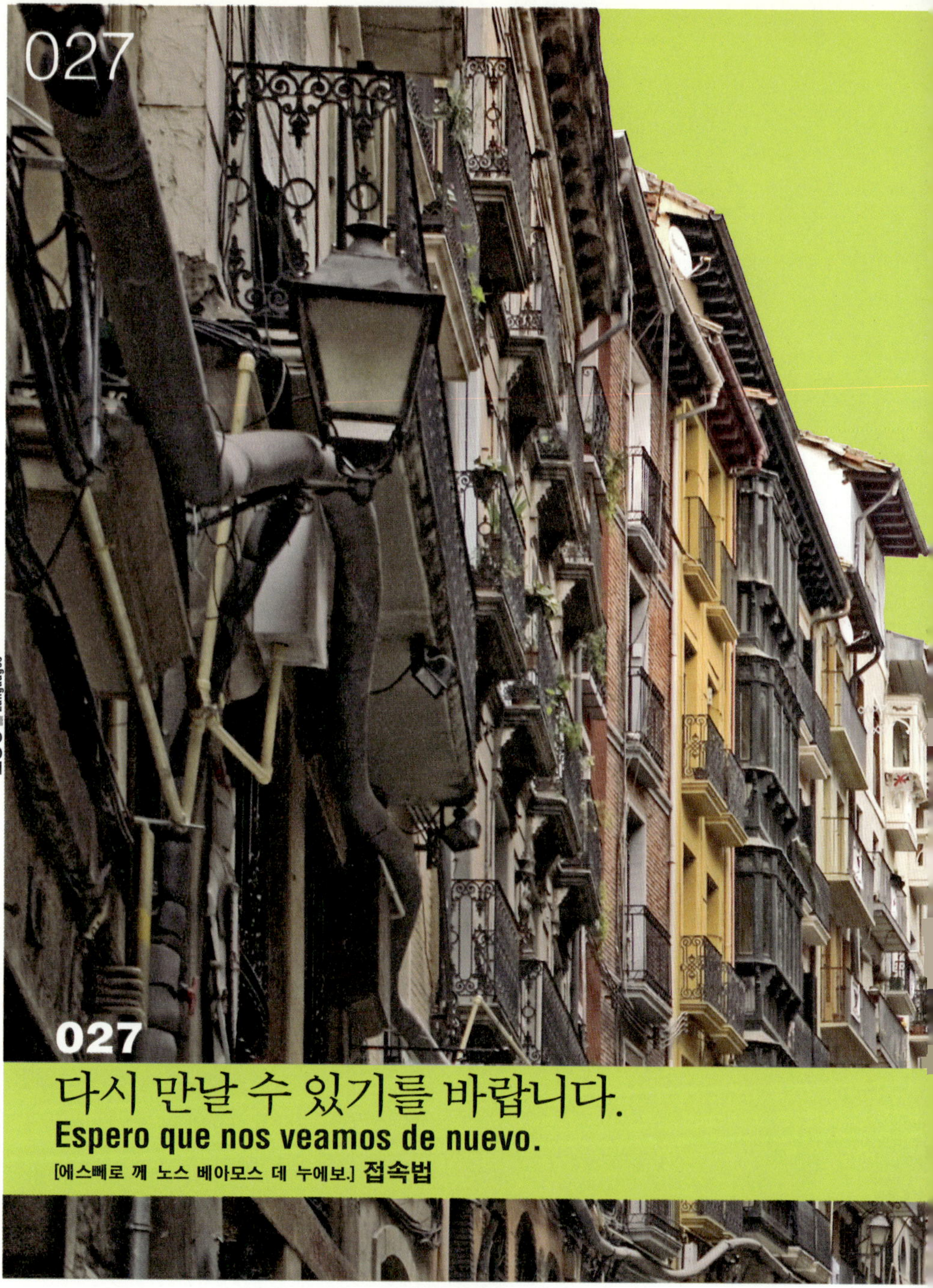

027

다시 만날 수 있기를 바랍니다.

Espero que nos veamos de nuevo.

[에스뻬로 께 노스 베아모스 데 누에보.] 접속법

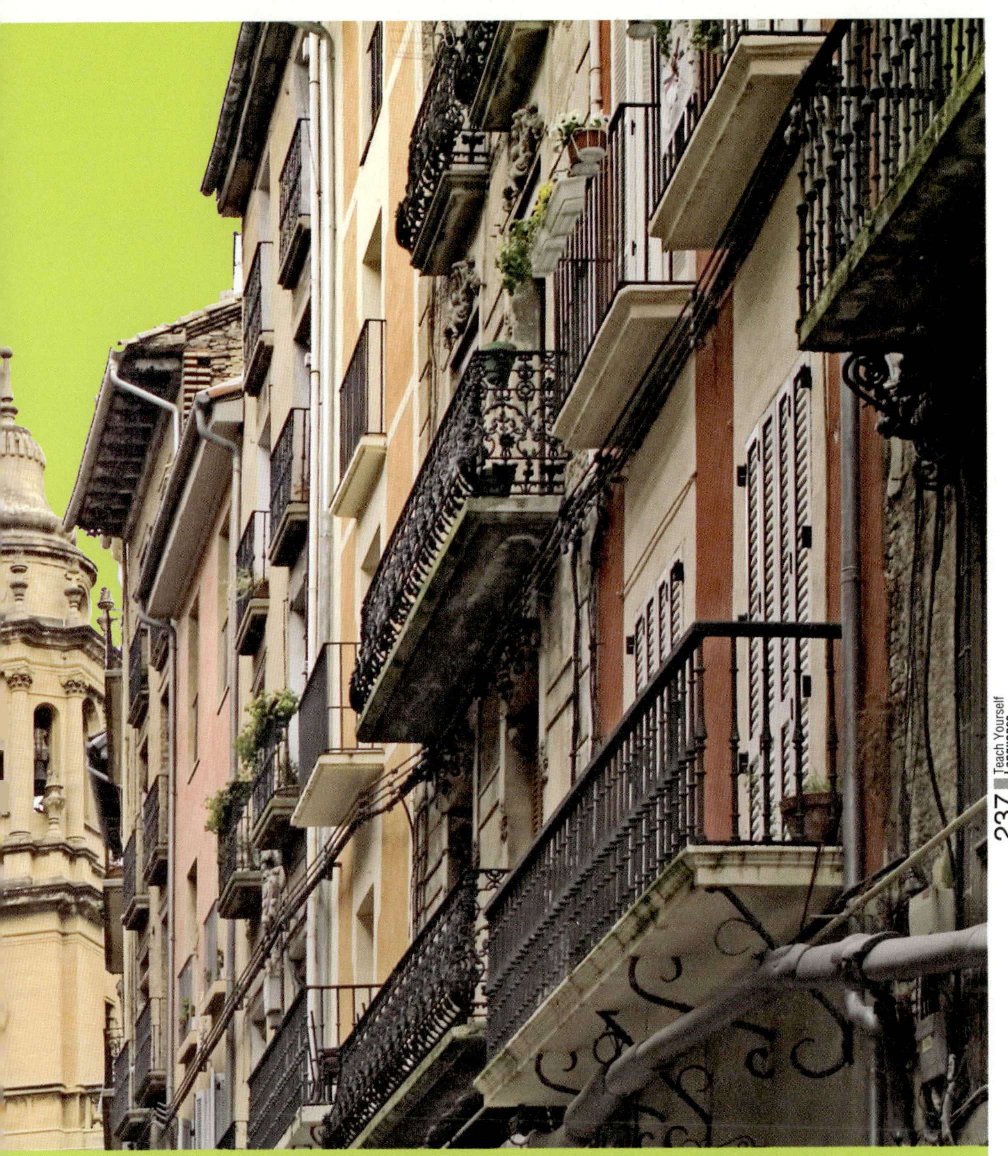

객관적이고 실제적인 사실을 설명할 때와는 달리, 주관적이고 비현실적이거나
상상 혹은 가정에 불과한 내용들을 나타낼 때에는 '접속법' 동사를 사용하게
됩니다. 한국어와는 다른 특이한 기법인 만큼 낯설겠지만, '낯섦' 이야말로 또한
'호기심' 과 통할 수 있겠지요? 접속법의 사용법을 살~짝 알려드리겠습니다.

스페인어 어렵나?

'접속법!' 스페인어를 공부하는 사람들이 가장 '난해하다' 혹은 '복잡하다' 라고 생각하는 부분입니다. 한국어에 없는 개념이기 때문에 그렇게 느낄 수 있겠지요. 그러나 첫걸음이 중요하죠. 사실 걸음마 단계에서 명료하게 짚고 넘어가면 그다지 난해할 것도 없거든요. 스페인어 학습의 마지막 문턱이니 파이팅! 하시기 바랍니다.

나 소원이 있는데...

예컨대 접속법이란 바로 이것입니다.
주절의 주어가 소원을 갖고는 있지만 종속절의 주어가 그 소원대로 행동할지에 대해 백퍼센트 확신할 수 없을 때 사용하게 되는 기능 말입니다.

결국 기본적으로는 주절과 종속절이 존재하는 문장에서만 접속법이 등장할 수 있지요. 특히 접속법은 '편식' 이 아주 심한, 그야말로 '까다로운' 법이랍니다. 아무 때에나 툭툭 튀어나오지 않거든요. 주절의 동사를 잘 살핀 후 자신이 '등장해도 좋을만한' 동사로 판단될 때라야 모습을 드러내지요.
(결국 요런 경우가 아니라면, 즉 지금까지 익힌 모든 문장은 '접속법' 이 아닌 '직설법' 이었다는 말씀!)

좀 더 구체적으로 설명하자면 주절의 동사가 (1) 희망/ 바람/ 요구/ 부탁/ 권고의 의미를 담고 있을 때, (2) 불신/ 회의(懷疑)/ 부정의 의미를 담고 있을 때, (3) 명령/ 허용/ 금지의 의미를 담고 있을 때, (4) 희로애락의 감정을 담고 있을 때에만 종속절의 동사가 접속법으로 짜자잔!!! 등장한다는 겁니다. 따라서 문장의 가장 기본적인 구조는 '직설법동사(주절) + **que** + 접속법 동사(종속절)' 의 형태가 됩니다.

접속! 접속법~!

먼저 동사의 접속법 형태에 '접속' 해보도록 하겠습니다.

	1동사	2동사	3동사
	hablar	comer	vivir
yo	hable	coma	viva
tú	hables	comas	vivas
él	hable	coma	viva
nosotros	hablemos	comamos	vivamos
vosotros	habléis	comáis	viváis
ellos	hablen	coman	vivan

물론 불규칙하게 변화하는 동사들이 있지요.
그런데 스페인어의 동사들을 가만히 살펴보면 현재에서 불규칙하게 변화했던
것들이 미래에서도, 과거에서도, 심지어 접속법에서도 불규칙하게 변화하는
것을 볼 수 있습니다. 세 살 버릇 여든까지 가고, 안에서 새는 쪽박 밖에서도 샌
다더니... 어딜 가도 말썽이죠? 하지만 귀여운 말썽꾸러기로 여기면서 마지막
으로 불규칙 변화를 하는 동사 몇 가지만 살피겠습니다.

dar [다르] 주다
dé, des, dé, demos, deis, den

decir [데씨르] 말하다
diga, digas, diga, digamos, digáis, digan

estar [에스따르] 이다, 있다
esté, estés, esté, estemos, estéis, estén

hacer [아쎄르] 하다, 만들다
haga, hagas, haga, hagamos, hagáis, hagan

ir [이르] 가다
vaya, vayas, vaya, vayamos, vayáis, vayan

tener [떼네르] 소유하다
tenga, tengas, tenga, tengamos, tengáis, tengan

venir [베니르] 오다
venga, vengas, venga, vengamos, vengáis, vengan

poder [뽀데르] 할 수 있다
pueda, puedas, pueda, podamos, podáis, puedan

그럼 실제로 접속법 문장을 만들어볼까요?

(**leer** [레에르] 읽다 ; **lea**, **leas**, **lea**, **leamos**, **leáis**, **lean**, **carta** [까르따] 편지,
mañana [마냐나] 아침, 내일, **creo** [끄레오] 믿다, **presidente** [쁘레시덴떼] 회장, 의
장, 사장, **comité** [꼬미떼] 위원회, **estar seguro(a) de que~** [에스따르 세구로(라) 데
께~] ~라고 확신하다, **lleguen** [이예겐] 도착하다, **tiempo** [띠엠뽀] 시간, 날씨,
prohibir [쁘로이비르] 금지하다, **fumar** [후마르] 담배 피우다 ; **fume**, **fumes**,
fume, **fumemos**, **fuméis**, **fumen**, **clase** [끌라세] 강의, 수업, 교실, **permito** [뻬
르미또] 허락하다, **terminar** [떼르미나르] 끝마치다 ; **termine**, **termines**, **termine**,
terminemos, **terminéis**, **terminen**, **ahora** [아오라] 지금, **ahora mismo** [아오라
미스모] 지금 당장, **lamentar** [라멘따르] 안타까워하다, **visitarte** [비시따르떼] 너를
방문하다(동사 **visitar**+ 2인칭단수직접목적대명사 **te**), **durante** [두란떼] ~하는
동안, **vacaciones** [바까씨오네스] 방학, **alegrarse** [알레그라르세] 기뻐하다,
dominar [도미나르] 통달하다)

① 주절의 동사가 희망/ 바람/ 요구/ 부탁/ 권고의 의미를 담고 있는 예 :

Yo espero que tú me leas esta carta.

[요 에스뻬로 께 뚜 메 레아스 에스따 까르따.]
나는 네가 이 편지를 내게 읽어주길 바란다.

Yo quiero que él venga mañana.

[요 끼에로 께 엘 벵가 마냐나.] 나는 그가 내일 오기를 바란다.

② 주절의 동사가 불신/ 회의(懷疑)/ 부정의 의미를 담고 있는 예 :

No creo que Juan pueda ser el presidente del comité.

[노 끄레오 께 후안 뿌에다 세르 엘 쁘레시덴떼 델 꼬미떼.]
나는 후안이 위원회 의장이 될 수 있으리라 믿지 않는다.

No estoy seguro(a) de que ellos lleguen a tiempo.

[노 에스또이 세구로(라) 데 께 에이요스 이예겐 아 띠엠뽀.]
나는 그들이 제 시간에 도착하리라고 확신하지 않는다.

❸ 주절의 동사가 명령/ 허용/ 금지의 의미를 담고 있는 예 :

Te prohibo que fumes en la clase.

[떼 쁘로이보 께 후메스 엔 라 끌라세.]
나는 네게 강의실에서 담배 피우는 것을 금지한다.

Les permito que terminen el estudio de español ahora mismo.

[레스 뻬르미또 께 떼르미넨 엘 에스뚜디오 데 에스빠뇰 아오라 미스모.]
여러분들이 지금 당장 스페인어 공부를 끝마치는 것을 허락합니다.

❹ 주절의 동사가 희로애락의 감정을 담고 있는 예 :

Lamento que no pueda visitarte durante estas vacaciones.

[라멘또 께 노 뿌에다 비시따르떼 두란떼 에스따스 바까씨오네스.]
이번 방학 동안에 너를 방문하지 못한다는 게 안타깝다.

Me alegro de que tú domines el español.

[메 알레그로 데 께 뚜 도미네스 엘 에스빠뇰.]
나는 네가 스페인어를 통달했다니 기쁘다.

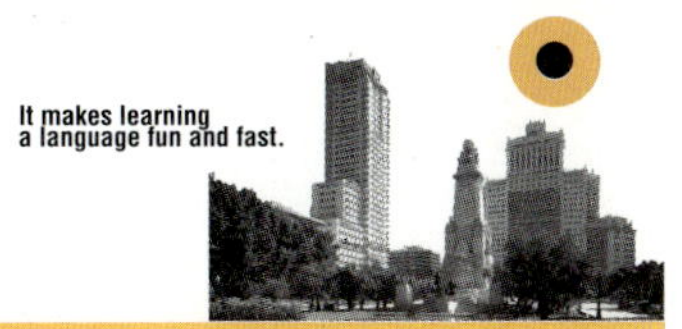

접속법, 쓸까? 말까?

다시 한 번 강조하지만 접속법의 사용과 관련해서는 과연 이 문장에서 접속법을 사용해야 하는가 그렇지 않은가를 결정하는 일이 가장 관건입니다.

따라서 여러 가지 조건들을 '깐깐하게' 따져본 후 신중하게 결정하기 바랍니다. 물론!!! 주절 동사의 성격에 따라 결정되지만, 실제로 변화를 하는 건 종속절 동사라는 사실도 부디 잊지 마시기 바랍니다.

(**olvidar** [올비다르] 잊다, 망각하다 ; **olvide, olvides, olvide, olvidemos, olvidéis, olviden, ver** [베르] 보다, 만나다 ; **vea, veas, vea, veamos, veáis, vean, nuevo** [누에보] 새로운, **de nuevo** [데 누에보] 새롭게, 다시)

Espero que ustedes no lo olviden.

[에스뻬로 께 우스떼데스 놀 로 올비덴.]
나는 여러분들이 그 점을 잊지 마시길 바랍니다.

그리고 열심히 공부한 당신! 다음에 다시 만날 수 있기를...

Espero que nos veamos de nuevo.

[에스뻬로 께 노스 베아모스 데 누에보.]
다시 만날 수 있기를 바랍니다.

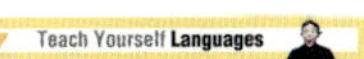

영어에서 배웠던 '시제일치' 생각나세요? 그렇습니다.
'주절의 시제' 와 '종속절의 시제' 가 서로 어긋나지 않도록 조절해 주는 것입니다. 예를 들어 '네가 오면 좋겠어.' 의 경우에는 별 문제가 없는데, '네가 오면 좋겠다고 생각했었지.' 의 경우에는 주절의 시제가 과거인 점을 고려하여 종속절의 시제도 이에 낮춰 과거로 바꿔줘야 합니다. 그러자면, 접속법의 과거 동사변화 (불완료과거형)도 알아야겠지요?

규칙동사

	1동사 **hablar**	2동사 **comer**	3동사 **vivir**
단수			
yo	hablara(-se)	comiera	viviera
tú	hablaras(-ses)	comieras	vivieras
él	hablara(-se)	comiera	viviera
복수			
nosotros	habláramos (-semos)	comiéramos	viviéramos
vosotros	hablarais (-seis)	comierais	vivierais
ellos	hablaran (-sen)	comieran	vivieran

불규칙동사

	ser	**ir**	**decir**
단수			
yo	fuera	fuera	dijera
tú	fueras	fueras	dijeras
él	fuera	fuera	dijera
복수			
nosotros	fuéramos	fuéramos	dijéramos
vosotros	fuerais	fuerais	dijerais
ellos	fueran	fueran	dijeran

사용법은 현재와 똑같습니다. 그야말로 시제만 한 칸씩 '뒤로 밀린 것'에 불과
하다는 말이지요. 조화로움이야말로 세상에서 가장 소중한 가치 중의 하나일
겁니다. 문장의 구성도 조화롭게!!! 시제도 딱 어울리게!!!
(**mandé** [만데] 시켰다, 보냈다)

Le mandé que viniera por la mañana.

[레 만데 께 비니에라 뽀를 라 마냐나.] 그에게 오전에 오라고 시켰다.

Tú querías que tu hermano fuera a España.

[뚜 께리아스 께 뚜 에르마노 후에라 아 에스빠냐.]
너는 네 동생이 스페인에 가기를 원했었다.

Venga acá, por favor.

Easy
It makes learning
a language fun and fast.

Fun
It makes learning
a language fun and fast.

Quick
It makes learning
a language fun and fast.

028

이리 오세요!

Venga acá, por favor.

[벵가 아까, 뽀르 화보르.] **명령법**

자, 이제 스페인어를 배울 만큼 배웠으니 큰소리
좀 쳐볼까요? '이리 오너라~'
명령법은 '오너라!' 의 형태로도 쓰이지만, '금연!',
'출입금지' 등의 형태로도 나타나고 '갑시다!' 의
형태로도 나타납니다. 다양한 명령법을 살펴보시죠.

스페인 사람에게 명령을?!

이번 과에서는 명령문에 대해 공부해 보겠습니다.
사실 명령문이 이렇게 뒤에 나오는 것은 정말 '단순하기 그지없는' 이유 때문입니다. 명령형 동사변화가 바로 '접속법' 동사변화를 따르고 있기 때문이지요. 하여간, 어떤 이유에서건 오래 기다리셨습니다. 이제 스페인 사람에게 명령도 하실 수 있게 되실 것입니다.

착한 명령, ~해주세요!

남에게 뭔가를 부탁할 때 우리는 '~ 좀 해주세요' 라는 표현을 씁니다.
이 문장을 가만히 살펴보면 언뜻 생각한 것과는 달리 명령형인 것을 알 수 있습니다. 그렇습니다. 명령법이 우리 생활에 그다지 많이 쓰이지 않을 거라는 예상과는 달리 영어의 **Please** 에 해당되는 '~ 좀...', 스페인어로는 **Por favor** [뽀르 화보르]를 붙이면 아주 예의바른 명령법의 문장을 만들 수 있습니다.

스페인어에서는 **Por favor** 를 문두에 쓰고 그 다음에 동사의 명령형을 붙이거나, 혹은 명령형 동사를 먼저 쓰고 뒤에 **Por favor** 를 붙여주면 O.K.!
어디 한번 볼까요? 실제로 명령, 아니 부탁을 해보세요.

(**venir** [베니르] 오다 : **ven**, **venga**, **acá** [아까] 여기(**aquí** 와 동의어), **salir** [살리르] 나가다 : **sal**, **salga**, **abrir** [아브리르] 열다 : **abre**, **abra**, **puerta** [뿌에르따] 문, **comer** [꼬메르] 먹다, **tomar** [또마르] 가지다, **decir** [데씨르] 말하다, **escribir** [에스끄리비르] 쓰다, **aquí** [아끼] 여기, **detener** [데떼네르] 멈추다, **allá** [아야] 저기)

¡Por favor, ven acá!

[뿌르 화보르, 벤 아까]
이리 와!

¡Por favor, salga!

[뿌르 화보르, 살가]
나가주세요!

¡Por favor, ábra la puerta!

[뿌르 화보르, 아브랄 라 뿌에르따]
문 좀 열어주세요!

¡Por favor, coma!

[뽀르 화보르, 꼬마!]

드세요! 잡수세요!

¡Por favor, tome!

[뽀르 화보르, 또메!]

가져가세요!

¡Por favor, diga!

[뽀르 화보르, 디가!]

말해주세요!

¡Por favor, escriba aquí!

[뽀르 화보르, 에스끄리바 아끼!]

여기에 써주세요!

¡Por favor, deténgase allí!

[뽀르 화보르, 데뗑가세 아이!]

저기에 멈춰 서세요!

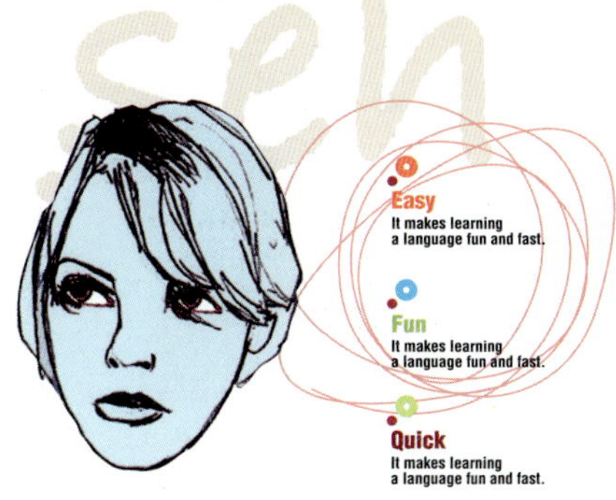

우리 한번 해 보아요!

그런가 하면 '~합시다!' 식의 청유형 명령문에서는 **Vamos + a + 동사원형**을 쓸 수도 있습니다. 한번 따라해 보세요. 청유형에서는 '나' 자신도 행동의 주체에 포함되기 때문에 **ir** 동사의 1인칭 복수형을 사용한다고 볼 수 있겠지요.

¡Vamos a comer!

[바모스 아 꼬메르!]

식사합시다!

¡Vamos a cantar!

[바모스 아 깐따르!]

노래 부릅시다!

¡Vamos a escribir aquí!

[바모스 아 에스끄리비르 아끼!]

여기에 씁시다!

¡Vamos a detenernos allí!

[바모스 아 데떼네르노스 아이!]

저기에 멈춰 섭시다!

경고! 출입금지!

거리를 걷다가, 식당에서, 혹은 자그마한 제품 설명서에 이르기까지 많은 곳에서 우리들은 명령의 표현들을 만나게 됩니다. 물론 이런 표현들에는 조금 전에 익힌 명령형을 사용하는 것이 보편적입니다. 다만, 동사원형 혹은 명사를 사용해서도 이를 나타낼 수 있으니 참고하세요. 여하튼, 이런 명령의 문구를 잘 몰라봤다가는 큰 코 다칠 수 있으니 눈여겨 보아두었다가 실수하지 말아야겠지요.

Entrada

[엔뜨라다] 입구

Salida

[살리다] 출구

Prohibido entrar

[쁘로이비도 엔뜨라르] 출입금지

No entrar

[노 엔뜨라르] 출입금지

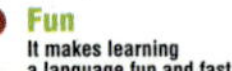

Prohibido fumar

[쁘로이비도 후마르] 금연

No fumar

[노 후마르] 금연

Advertencia

[아드베르뗀씨아] 경고

Peligro

[뻴리그로] 위험

Abierta

[아비에르따] 영업중

Cerrada

[쎄라다] 폐점

Teach Yourself
Take the Pleasure of Learning!
It makes learning a language
fun and fast.
cómeme el coco, negro
Easy
Fun
It makes learning
a language fun and fast.
Quick
It makes learning
a language fun and fast.

Take the Pleasure of Learning!
It makes learning a language
fun and fast.
Teach Yourself Language

029

029

돈이 넉넉하게 있다면...
Si yo tuviera bastante dinero…
[시 요 뚜비에라 바스딴떼 디네로...] 가능법, 가정문

Easy
It makes learning
a language fun and fast.

Fun
It makes learning
a language fun and fast.

Quick
It makes learning
a language fun and fast.

어느덧 현재를 비롯해 과거와 미래, 심지어 명령까지 다 해보았습니다.
'아! 내가 일 년 전에만 스페인어를 배웠더라면...' 그러고 보니 '가정문'이 남았네요.
'만일 ~ 했더라면'을 이용해 가상의 시나리오를 써보는 것이지요.
요것만 통달한다면 이제 '하산'할 일만 남았습니다. 마지막까지 화이팅 하자고요!!!

Take the Pleasure of Learning! It makes learning a language fun and fast.

드디어 최종회~!

스페인어 마지막 시간이 되었습니다.

그 동안 스페인어와 관련된 여러 가지 핵심문법 사항들을 가볍게나마 전반적으로 훑어보았습니다. 새로운 언어에의 도전이라는 것이 처음부터 '단단히' 마음먹지 않고서는 시작할 수조차 없는 일이기도 하지만, 더 어려운 것은 힘겨운 고비들을 넘기고 마지막 장에까지 이르는 일이라고 생각됩니다. 그러니 29과에서 여러분을 만나는 일은 저에게나 여러분들 모두에게나 큰 기쁨이 아닐 수 없겠지요?

그러나 샴페인 마개를 따는 일은 잠시 후로 미루고, 마지막 과까지 충실히 익힘으로써 인내심의 한계에 도전해보시기 바랍니다. 이번 과에서 배울 내용은 가능법입니다.

다음의 두 문장을 한번 비교해보시겠습니까?

(**pienso** [삐엔소] 생각하다, **aprender** [아쁘렌데르] 배우다, **fácil** [화씰] 쉬운)

Yo pienso que aprender español no será fácil.

[요 삐엔소 께 아쁘렌데르 에스빠뇰 노 세라 화씰.]

나는 스페인어를 배우는 일이 쉽지 않을 거라 생각합니다.

Yo pensaba que aprender español no sería fácil.

[요 뻰사바 께 아쁘렌데르 에스빠뇰 노 세리아 화씰.]

나는 스페인어를 배우는 일이 쉽지 않을 거라 생각했었습니다.

어떻습니까?

무슨 차이가 있나요? 그렇습니다. 바로 주절과 종속절간의 시제 일치를 확인할 수 있을 겁니다. '현재' 에서 바라보는 '미래' 는 단순히 '미래' 로 표현하면 됩니다. 즉 주절의 시제가 '현재' 인 경우 미래의 의미를 담고 있는 **que** 이하의 종속절 시제는 '미래' 가 된다는 것입니다. 그러나 '과거' 시점에서 바라보는 '미래' 는 현재 입장에서 보면 이미 실현되었을 수도, 혹은 그렇지 않을 수도 있습니다. 그야말로 '과거' 시점에서 내포하는 '가능성' 만을 지니고 있을 뿐인 것이지요. 따라서 '과거' 시점에서 바라보는 '미래' 는 순수한 미래로 표현할 수 없으며, 대신 사용할 수 있는 시제가 바로 '가능법' 시제인 것입니다.

그럼 우선 동사의 가능법 변화 형태부터 확인해 보겠습니다.

규칙동사

	1동사 **hablar**	2동사 **comer**	3동사 **vivir**
단수			
yo	**hablaría**	**comería**	**viviría**
tú	**hablarías**	**comerías**	**vivirías**
él	**hablaría**	**comería**	**viviría**
복수			
nosotros	**hablaríamos**	**comeríamos**	**viviríamos**
vosotros	**hablaríais**	**comeríais**	**viviríais**
ellos	**hablarían**	**comerían**	**vivirían**

불규칙동사

	venir 오다	poner 놓다	hacer 하다
단수			
yo	vendría	pondría	haría
tú	vendrías	pondrías	harías
él	vendría	pondría	haría
복수			
nosotros	vendríamos	pondríamos	haríamos
vosotros	vendríais	pondríais	haríais
ellos	vendrían	pondrían	harían

단어의 변화 형태를 보았으니 바로 문장으로 달려가 볼까요?

(tía [띠아] 이모, 고모, 아주머니, visitar [비시따르] 방문하다, septiembre [셉띠엠브레] 9월, alumno(a) [알룸노(나)] 학생, tendrían [뗀드리안] 가지다(tener의 가능법 3인칭복수), nota [노따] 메모, 성적, pensé [뺀세] 생각했다, verdad [베르닷] 진실, 진리, llovería [요베리아] 비오다(llover의 가능법 3인칭단수))

Mi mamá me dijo que mi tía nos visitaría en septiembre.

[미 마마 메 디호 께 미 띠아 노스 비시따리아 엔 셉띠엠브레.]
어머니께서는 이모가 9월에 우리를 방문하실 거라고 말씀하셨다.

El profesor dijo que los alumnos tendrían buenas notas.

[엘 쁘로훼소르 디호 께 로스 알룸노스 뗀드리안 부에나스 노따스.]
교수는 학생들이 좋은 성적을 거둘거라고 말했다.

Yo pensé que tú me diría la verdad.

[요 뺀세 께 뚜 메 디리아 라 베르닷.]
나는 네가 진실을 말할 거라고 생각했다.

Los estudiantes me dijeron que sus amigos estudiarían.

[로스 에스뚜디안떼스 메 디헤론 께 수스 아미고스 에스뚜디아리안.]
학생들은 내게 그의 친구들이 공부를 할 거라고 말했다.

Una chica dijo que mañana llovería.

[우나 치까 디호 께 마냐나 요베리아.]
어느 소녀가 내일은 비가 올 것이라고 말했다.

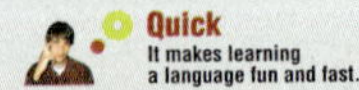

시간이 조금만 더, 더 있었더라면...

'~하면 좋을 텐데' 하는 미련이 가득 담긴 말과 '~했더라면 좋았을 텐데...' 라는 회한의 말을 가급적 많이 하지 않을 수 있다면 최상이겠지만, 하루하루의 삶은 얼마나 많은 미련을 갖게 만들고 또 얼마나 많은 회한과 후회를 낳도록 만드는지 모릅니다. 그래서 살다보면 '~하면 좋을 텐데' 와 '~했더라면 좋았 을 텐데' 를 연발하게 만들지요. 그래서 마지막으로 조금 전에 배웠던 가능법 동사변화를 활용한 '가정문' 을 배워볼까 합니다.

우선 단순한 가정문과 현재 사실과 반대되는 가정문을 비교하며 익혀보도록 하겠습니다.

(ayudar [아유다르] 돕다, 지원하다, llover [요베르] 비가오다, parque [빠르께] 공원, tuviera [뚜비에라] 갖다(tener의 접속법과거 3인칭단수), tiempo [띠엠뽀] 시간, bastante [바스딴떼] 충분히, dinero [디네로] 돈, familia [화밀리아] 가족)

Si tú estás libre, por favor, ven acá para ayudarme.

[시 뚜 에스따스 리브레, 뽀르 화보르, 벤 아까 빠라 아유다르메.]
너 혹시 시간 있으면 ,이리 와서 날 좀 도와줘.

Si no llueve ahora, voy a ir al parque con mis amigos.

[시 노 유에베 아오라, 보이 아 이르 알 빠르께 꼰 미스 아미고스.]

지금 비가 오지 않으면, 친구들과 함께 공원에 갈래요.

Si yo tuviera más tiempo, estudiaría más el español.

[시 요 뚜비에라 마스 띠엠뽀, 에스뚜디아리아 마스 엘 에스빠뇰.]

시간이 조금 더 있다면, 스페인어를 좀 더 공부할 텐데.

Si yo tuviera bastante dinero, iría a España con mi familia.

[시 요 뚜비에라 바스딴떼 디네로, 이리아 아 에스빠냐 꼰 미 화밀리아.]

돈이 넉넉하다면, 가족과 함께 스페인에 갈 텐데.

처음 두 문장은 단순한 가정을 나타내므로 귀결문에 명령형이나 단순 미래를 사용했습니다. 즉 '너 혹시 시간 있으면' 은 시간이 있을 수도 혹은 없을 수도 있는 단순한 상황의 가정을 의미하며, '지금 비가 오지 않는다면' 역시 창밖을 내다보지 못해 지금 비가 오는지 오지 않는지 알 수는 없으나 만약 오지 않는다면 뭔가를 하겠다는 단순한 가정을 의미하는 것입니다. 그러나 그 다음 두 문장은 상황이 좀 다릅니다. 즉 '시간이 조금 더 있다면' 이라는 가정을 내세우면서 동사의 시제를 '접속법 불완료과거형' 으로 사용하였고 '스페인어를 좀 더 공부할 텐데' 에 '가능법' 을 사용한 것입니다. 이것은 현재 시간이 없어서 더 이상 스페인어를 공부할 수 없다는 상황설명을 내포하고 있습니다. 다시 말해 현재 사실에 반대되는 상황을 가정하는 경우에 'Si + 접속법 불완료과거, 가능법' 을 사용하는 것입니다. 마지막 문장 역시 마찬가지입니다. 현재 돈이 넉넉하지 않다는 상황을 전제 하에 쓸 수 있는 문장인 것입니다.

마라톤은 완주가 맷! 추카추카!!!

어떠셨습니까?

지금까지 여러분들은 기본적인 스페인어 문법과 이 문법사항들이 포함된 정선된 문장들을 모두 배우고 익혔습니다. 다시 한 번 마지막 장까지 함께 해주신 여러분들께 감사의 말씀과 더불어 '축하의 인사' 를 전합니다. 대단한 인내심에 박수를 보내는 바입니다. 숨이 턱에 걸린 분들도, 뭐 이 정도 쯤이야 하고 여유를 만끽하시는 분들도 계시겠지만, 모쪼록 지금까지 저와 함께 마라톤과도 같은 긴 여정을 함께 하셨던 모든 분들에게 이 기회가 세계인이 함께 사용하는 '스페인어' 가 더 이상 낯선 제3의 언어가 아님을 확인하시고, 앞으로 좀 더 심화된 스페인어, 좀 더 세련된 스페인어의 구사에 도전하실 수 있는 계기가 되었기를 바랍니다.

¡Felicidades!

[휄리씨다데스!]

축하합니다!

¡Aplauso!

[아쁠라우소!]

박수!

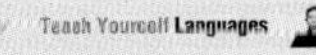

▶▶▶ 효과적인 듣기연습을 위해 본문 내용을 재구성하였습니다.
Take the Pleasure of Learning! It makes learning a language fun and fast.

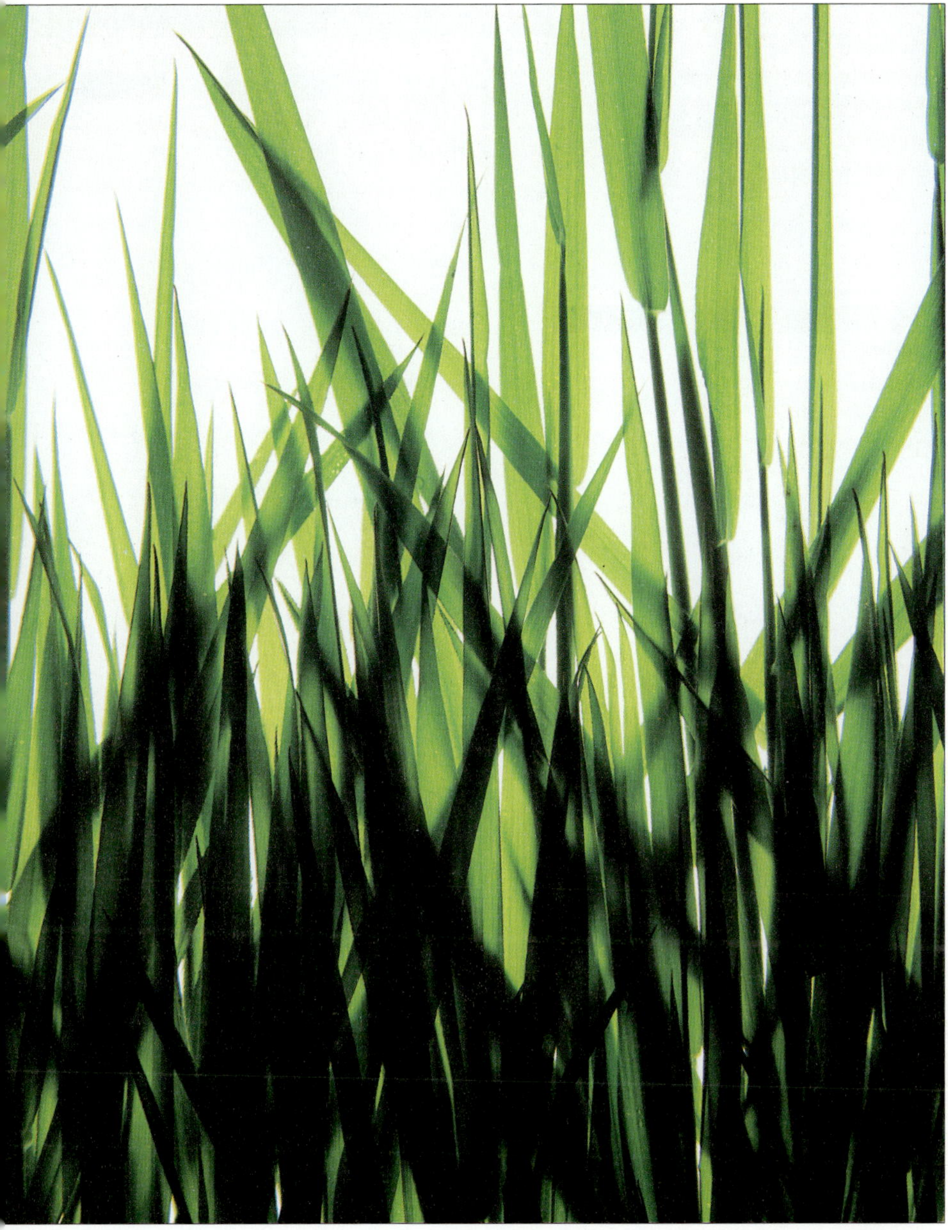

▼ **부록 : 듣고 말하는 연습자료**

안젤라 아라우호 (KBS 2TV 미녀들의 수다)

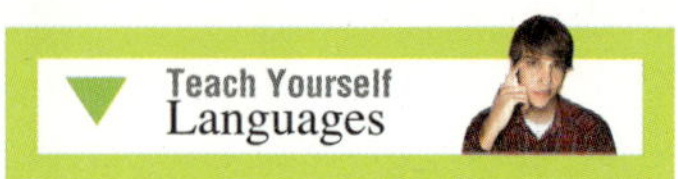

Teach Yourself Languages

부록 : 듣고 말하는 연습자료

001
스페인어?
¿Español?

❶

초콜릿	chocolate
치클	chicle
커피, 카페	café
토티야	tortilla
타코	taco

❷

파라솔	parasol
카사블랑카	Casablanca
카르멘	Carmen
맘마미아	Mamá mía
에비타	Evita
라 밤바	La Bamba

002
안녕? 어떻게 지내?
¡Hola! ¿Qué tal?

❶

안녕?	¡Hola!
안녕? 안녕하세요?	¿Qué tal?
안녕하세요?	¿Cómo está?
안녕?	¿Cómo estás?
여러분들 안녕하세요?	¿Cómo están?
안녕하세요? (아침 인사)	Buenos días.
안녕하세요? (아침 인사)	Buen día.
안녕하세요? (낮 인사)	Buenas tardes.
안녕하세요? (저녁 인사)	Buenas noches.

❷

만나서 반갑습니다.	Mucho gusto.
만나서 반갑습니다.	Encantado(a).
다음에 또 만나요!	¡Hasta luego!
곧 또 봐요!	¡Hasta pronto!
내일 또 봐요!	¡Hasta mañana!

❸

| 다음에 만날 때까지! | ¡Hasta la vista! |
| 안녕! | ¡Adiós! |

안녕!	¡Chao!

003
알파벳부터 시작해요!
A, B, C...

❶ 알파벳

A a 아 [ㅏ]	B b 베 [ㅂ]
C c 쎄 [ㄲ, ㅆ]	CH ch 체 [ㅊ]
D d 데 [ㄷ]	E e 에 [ㅔ]
F f 에훼 [ㅎ]	G g 헤 [ㄱ, ㅎ]
H h 아체 [무성음]	I i 이 [ㅣ]
J j 호따 [ㅎ]	K k 까 [ㄲ]
L l 엘레 [ㄹ]	LL ll 에이예 [(이)예]
M m 에메 [ㅁ]	N n 에네 [ㄴ]
Ñ ñ 에녜 [녜]	O o 오 [ㅗ]
P p 뻬 [ㅃ]	Q q 꾸 [ㄲ]
R r 에레 [ㄹ]	S s 에세 [ㅅ]
T t 떼 [ㄸ]	U u 우 [ㅜ]
V v 우베 [ㅂ]	W w 우베도블레 [ㅂ, ㅜ]
X x 에끼스 [ㅅ]	Y y 이 그리에가 [ㅣ]
Z z 쎄따 [ㅆ]	

❷

로스앤젤레스	Los Ángeles
샌프란시스코	San Francisco
초콜릿	Chocolate
커피	Café
영화관	Cine
고양이	Gato
기타	Guitarra
수치심	Vergüenza
길, 거리	Calle
남자 아이	Niño
장미	Rosa

❸

안녕하세요?	¿Cómo está?
처음 뵙겠습니다.	Encantado(a).
다음에 또 만나요!	¡Hasta luego!
안녕!	Chao.

안녕하세요? / 안녕히 주무세요!
Buenas noches.

004
나는 한국인입니다.
Yo soy coreano(a).

❶

나는 한국인입니다. **Yo soy coreano(a).**

너는 일본인이다. **Tú eres japonés.**

그는 미국인입니다. **Él es americano.**

그 여자는 김연아입니다.
Ella es Yeona Kim.

당신은 박태환입니다.
Usted es Taehwan Park.

❷

우리들은 멕시코 남자(여자)들입니다.
Nosotros somos mexicano(a)s.

너희들은 중국 여자들이다.
Vosotras sois chinas.

그들은 미국 남자들이다.
Ellos son americanos.

그들은 미국 여자들입니다.
Ellas son americanas.

당신들은 스페인 분이십니다.
Ustedes son españoles.

❸

저는 관광객입니다.
Yo soy turista.

저는 상인입니다.
Yo soy comerciante.

---

005 

나는 일본인이 아닙니다.
Yo no soy japonés (japonesa).

❶

너는 스페인 사람이구나.
Tú eres español.

너는 스페인 사람이니?
¿Eres tú español?

너는 스페인 여자로구나.
Tú eres española.

너는 스페인 여자로구나?
¿Tú eres española?

❷

나는 일본인이 아닙니다. 나는 한국인입니다!
Yo no soy japonés(-esa).
¡(Yo) soy coreano(a)!

너 중국 남자(여자)니?
¿Eres tú chino(a)?

아니, 나는 중국 남자(여자)가 아니야.
나는 한국 남자(여자)야.
No. Yo no soy chino(a).
Soy coreano(a).

당신은 가수입니까?
¿Es usted cantante?

아니요, 나는 가수가 아닙니다. 나는 여배우입니다.
No. Yo no soy cantante. Soy actriz.

❸

너는 한국 남자(여자)니?
¿Eres tú coreano(a)?

응. 나는 한국인이야.
Sí. Yo soy coreano(a).

아니, 나는 한국인이 아니야. 나는 중국인이야.
No. Yo no soy coreano(a). Soy chino(a).

당신은 학생입니까?
¿Es usted estudiante?

네. 저는 학생입니다.
Sí. Yo soy estudiante.

아니요. 나는 학생이 아닙니다.
나는 엔지니어입니다.
No. Yo no soy estudiante.
Soy ingeniero.

그 여자는 여교수입니까?
¿Es ella profesora?

네. 그 여자는 여교수입니다.
Sí. Ella es profesora.

아니요. 그 여자는 여교수가 아닙니다.
그 여자는 여변호사입니다.
No. Ella no es profesora.
Ella es abogada.

006
너는 어디 출신이니?
¿De dónde eres?

❶

너는 어느 나라 사람이니?
¿De dónde eres tú?

나는 스페인 사람이야.
Soy de España.

당신은 어느 나라 사람입니까?
¿De dónde es usted?

저는 한국 사람입니다.
Soy de Corea.

당신들은 어디 출신이세요?
¿De dónde son ustedes?

우리는 서울 사람입니다.
Somos de Seúl.

❷

이것은 무엇입니까?　**¿Qué es esto?**

너는 무엇을 공부하니?　**¿Qué estudias?**

여기서는 무엇을 팝니까?
¿Qué venden aquí?

당신은 무슨 일을 하십니까?　**¿Qué es Ud.?**

저는 (여류) 작가입니다.　**Soy autor(a).**

그 남자는 무슨 일을 합니까?　**¿Qué es él?**

그 남자는 운전기사입니다.　**El es chofer.**

무슨 뜻입니까?　**¿Qué quiere decir?**

뭐라고요?　**¿Qué?**

❸

당신은 누구십니까?　**¿Quién es usted?**

누구세요?　**¿Quién habla?**

페스티발은 언제 있습니까?
¿Cuándo es el festival?

언제 이탈리아에 가?
¿Cuándo vas a Italia?

어떻게 지내십니까?, 안녕하세요?
¿Cómo está usted?

네 이름이 뭐야?
¿Cómo te llamas?

왜 스페인어를 공부하십니까?
¿Por qué estudia español?

왜 병원에 가니?
¿Por qué vas al hospital?

얼마입니까? **¿Cuánto cuesta?**

얼마입니까? **¿Cuánto vale?**

❹

너는 학생이니? **¿Eres estudiante?**

그래. 나는 학생이야.
Sí. Yo soy estudiante.

당신은 누구십니까? **¿Quién es usted?**

나는 박지성입니다. **Yo soy Jisung Park.**

얼마입니까? **¿Cuánto vale?**

만원입니다. **Diez mil wones.**

❶

나는 스페인어를 배웁니다.
Yo estudio español.

나는 스페인어를 공부합니다.
Yo estudio español.

너는 스페인어를 공부한다.
Tú estudias español.

그는 스페인어를 공부합니다.
Él estudia español.

우리들은 스페인어를 공부합니다.
Nosotros estudiamos español.

너희들은 스페인어를 공부한다.
Vosotros estudiáis español.

그들은 스페인어를 공부합니다.
Ellos estudian español.

❷

어디 살아? **¿Dónde vives?**

나는 서울에 살고 있어. **Yo vivo en Seúl.**

나는 빵을 먹는다. **Yo como pan.**

너는 빵을 먹는다. **Tú comes pan.**

그는 빵을 먹는다. **Él come pan.**

우리들은 빵을 먹는다.
Nosotros comemos pan.

너희들은 빵을 먹는다.
Vosotros coméis pan.

그들은 빵을 먹는다.
Ellos comen pan.

007

나는 스페인어를 배웁니다.
Yo estudio español.

❸

나는 한국에 삽니다.　**Yo vivo en Corea.**

너는 한국에 산다.　**Tú vives en Corea.**

그는 한국에 삽니다.　**Él vive en Corea.**

우리들은 한국에 삽니다.
Nosotros vivimos en Corea.

너희들은 한국에 산다.
Vosotros vivís en Corea.

그들은 한국에 삽니다.
Ellos viven en Corea.

❹

나는 노래를 부릅니다.
Yo canto una canción.

너는 커피를 한 잔 마십니다.
Tú bebes una taza de café.

그녀는 등산을 합니다.
Ella sube a la montaña.

당신들은 버스에 탑니다.
Ustedes suben al autobús.

008

너는 무엇을 하니?
¿Qué haces tú?

❶

뭐 하니?　　**¿Qué haces?**

나는 음악을 들어.
Yo escucho la música.

뭐 하세요?
¿Qué hace usted?

밀크커피 마셔요.
Yo bebo café con leche.

그녀는 뭘 합니까?
¿Qué hace ella?

그녀는 집을 청소합니다.
Ella limpia la casa.

❷

너 뭐 하니?　　**¿Qué haces?**

나 지금 공부해.　　**(Yo) estudio ahora.**

나 지금 일해.　　**(Yo) trabajo ahora.**

너의 엄마는 뭐 하시니?
¿Qué hace tu mamá?

식사 준비하세요.
(Ella) prepara la comida.

통화중이세요.
(Ella) llama por teléfono.

너희들은 뭐 하니?
¿Qué hacéis (vosotras)?

우리들은 클럽에서 춤을 춥니다.
(Nosotras) bailamos en el club.

너 직업이 뭐야?　　**¿Qué haces?**

나는 학생이야.　　**(Yo) estudio.**

❸

나는 엄마를 생각한다.
Yo pienso en mi mamá.

너는 차보다는 커피를 더 좋아한다.
Tú prefieres el café al té.

당신들은 수영을 할 줄 압니다.
Ustedes pueden nadar.

배고파 죽겠다!
Me muero de hambre.

그녀는 내게 백 달러를 요구합니다.
Ella me pide cien dólares.

여 가수가 빨간 치마를 입고 있습니다.
La cantante se viste una falda roja.

009

내 이름은 김이야.
Me llamo Kim.

❶

나는 여섯 시에 깹니다.
Me despierto a las seis.

나는 일곱 시에 일어납니다.
Me levanto a las siete.

너는 아주 재빨리 샤워를 한다.
Te duchas muy rápido.

그녀는 세수하고 머리를 빗습니다.
Ella se lava y se peina.

나의 엄마께서는 흰 블라우스를 입으십니다.
Mi mamá se viste la blusa blanca.

로미오는 줄리엣과 사랑에 빠지고
그녀와 결혼합니다.
Romeo se enamora de Julieta y se casa con ella.

우리는 아주 늦게 잠듭니다.
Nos acostamos muy tarde.

❷

이름이 뭐야? **¿Cómo te llamas?**

내 이름은 김이야. **Me llamo Kim.**

그 여자는 이름이 뭐야? **¿Cómo se llama?**

그 여자의 이름은 페넬로페 크루즈야.
Se llama Penélope Cruz.

❸

감사합니다. **Gracias.**

대단히 감사합니다. **Muchas gracias.**

천만에요. **De nada.**

오히려 제 기쁨인걸요. **Es mi placer.**

010

나는 공부하고 있어.
Yo estoy estudiando.

❶

그 여자는 은행에 있습니다.
Ella está en el banco.

나는 피곤합니다.
Yo estoy cansado(a).

창문들은 열려 있습니다.
Las ventanas están abiertas.

너는 뭐 하고 있니?
¿Qué estás haciendo?

나는 스페인어 공부하고 있어.
Yo estoy estudiando español.

너 뭐 하니? ¿Qué haces tú?

나는 스페인어 공부해. Estudio español.

❷
김 선생님은 이 선생님과 대화중이시다.
Sr. Kim está hablando con el Sr. Lee.

그녀는 공원에서 춤을 추고 있다.
Ella está bailando en el parque.

마리아는 한 중국 음식점에서 식사를 하고 있다.
María está comiendo en un restaurante chino.

나는 신문을 읽고 있다.
Yo estoy leyendo el periódico.

당신들은 편지를 쓰고 있습니다.
Ustedes están escribiendo las cartas.

나는 지하철역으로 가고 있습니다.
Yo estoy yendo a la estación de metro.

특별한 것 아무 것도 안 해.
No hago nada especial.

011

나는 공부 많이 했어.
Yo he estudiado mucho.

---

❶
나는 대한민국 서울에서 살아본 적 있다.
Yo he vivido en Seúl, Corea.

너는 오늘 아침에 한식당에서 식사를 했다.
Tú has comido en un restaurante coreano esta mañana.

기차가 떠났다.
Él tren ha partido.

우리는 공부를 많이 했다.
Nosotros hemos estudiado mucho.

너희들은 창문들을 열었다.
Vosotras habéis abierto las ventanas.

당신들은 영화 '마더'를 보았습니다.
Ustedes han visto la película 'Madre'.

❷
내 인생은 스페인어로 인해 완전히 뒤바뀐다.
Mi vida es cambiada totalmente por el español.

너희들은 창문들을 열었다.
Vosotras habéis abierto las ventanas.

창문들은 너희들에 의해 열린다.
Las ventanas son abiertas por vosotras.

그 여자는 편지를 몇 통 씁니다.
Ella escribe unas cartas.

편지들은 그녀에 의해 쓰여집니다.
Las cartas son escritas por ella.

012

나는 책을 한 권 가지고 있어.
Tengo un libro.

❶

아빠	**papá**	엄마	**mamá**
남자친구	**amigo**	여자친구	**amiga**
형제	**hermano**	자매	**hermana**
남자	**hombre**	여자	**mujer**
남편	**esposo**	아내, 부인	**esposa**

❷

은행	**banco**	핸드백	**bolsa**
컴퓨터	**computador**	집	**casa**
전화기	**teléfono**	창문	**ventana**
엘리베이터	**ascensor**	역, 계절	**estación**
종이	**papel**	반성, 반영	**reflexión**
태양, 해	**sol**	텔레비전	**televisión**
자본	**el capital**	수도	**la capital**
차례, 질서	**el orden**	명령	**la orden**

❸

은행, 벤치	**banco**	은행들, 벤치들	**bancos**
집	**casa**	집들	**casas**
종이	**papel**	종이들	**papeles**
컴퓨터	**computador**		
컴퓨터들	**computadores**		
우산	**un paraguas**	우산들	**los paraguas**
바지, 바지 여러 벌			**pantalones**
안경, 안경 여러 개			**gafas**

❹

아저씨!	**¡Señor!**
아주머니!	**¡Señora!**
아가씨!	**¡Señorita!**

013

너는 나의 좋은 친구야.
Tú eres mi buen amigo.

❶

저기 예쁜 소녀가 한 명 오고 있다.
Allí viene una chica bonita.

저기 예쁜 소녀들이 오고 있다.
Allí vienen unas chicas bonitas.

나는 키 큰 소년입니다.
Yo soy muchacho alto.

나는 재미있는 책 한 권을 가지고 있다.
Tengo un libro interesante.

❷

그는 가난한 사람입니다.
Él es un hombre pobre.

불쌍한 사람!, 가엾어라!
¡Pobre hombre!

❸

고맙습니다.	**Gracias.**
미안합니다.	**Perdón.**
실례하겠습니다.	**Con su permiso.**
위하여!	**¡Salud!**

014

저기 예쁜 소녀가 한 명 오고 있습니다.
Allí viene una chica bonita.

❶

나는 책을 가지고 있다.
Tengo el libro.

나는 책을 한 권 가지고 있다.
Tengo un libro.

나는 나의 책을 가지고 있다.
Tengo mi libro.

나는 이 책을 가지고 있다.
Tengo este libro.

나는 두 권의 책을 가지고 있다.
Tengo dos libros.

❷

저기 교수님이 오신다.
Allí viene el profesor.

교수님!
¡Profesor!

015 

그녀는 내 동생입니다.
Ella es mi hermana.

❶

나의 집은 흰색입니다.
Mi casa es blanca.

너의 책들은 흥미롭다.
Tus libros son interesantes.

❷

저 남자 아주 멋지다.
Aquel hombre es muy guapo.

이봐! 저 사람은 내 남자친구야.
Mira, aquél es mi novio.

이 컴퓨터 참 좋군요. 누구 겁니까?
**Este computador es muy bueno.
¿De quién es?**

이것은 제 컴퓨터입니다. 한국산이지요.
Éste es mi computador. Es de Corea.

016

오늘 시간 있니?
¿Estás libre hoy?

❶

너는 키가 크구나.　　**Tú eres alto.**

나는 기분이 좋다.　　**Yo estoy alegre.**

오늘 시간 있니?　　**¿Estás libre hoy?**

저녁에 시간 좀 있어?
¿Estás libre por la noche?

응, 저녁에 시간 있어.
Sí, estoy libre por la noche.

아니, 저녁에 시간 없어.
No, no estoy libre por la noche.

❷

나는 집으로 갑니다.
Voy a mi casa.

야외로 나가고 싶습니다.
Quiero ir al campo.

친구와 함께 야외로 나가고 싶습니다.
Quiero ir al campo con mi amigo.

누구와 함께 극장에 가니?
¿Con quién vas al cine?

❸

나는 도서관에서 옵니다.
Vengo de la biblioteca.

나는 카페에서 옵니다. **Vengo del café.**

나는 한국사람입니다. **Yo soy de Corea.**

책은 종이로 만듭니다. **El libro es de papel.**

❹

나는 서울에 삽니다.
Vivo en Seúl.

식당에서 식사합시다.
Vamos a comer en el restaurante.

너 어느 나라 사람이야?
¿De dónde eres tú?

나 한국 사람이야.
Yo soy de Corea.

너 어디 사니?
¿Dónde vives tú?

나는 대한민국 서울에 살고 있어.
Yo vivo en Seúl, Corea.

❶

나는 소설을 읽습니다.
Yo leo una novela.

나는 그것을 읽습니다.
Yo la leo.

나는 소설을 읽고 싶습니다.
Yo quiero leer un cuento.

나는 그것을 읽고 싶습니다.
Yo quiero leerlo.

나는 그녀에게 소설책을 줍니다.
Yo le doy a ella una novela.

나는 그녀에게 그것을 줍니다.
Yo se la doy.

❷

너를 사랑해!
¡Yo te quiero!

018

나는 수영을 좋아해.
Me gusta nadar.

❶

나는 수영을 좋아합니다.
Me gusta nadar.

너는 개들을 좋아한다.
Te gustan los perros.

그는 루이스 미겔의 노래들을 좋아합니다.
Le gustan las canciones de Luis Miguel.

017

나는 너를 사랑해.
Yo te quiero.

우리는 컴퓨터 게임을 좋아합니다.
Nos gusta el juego de computador.

너희들은 여행을 좋아한다.
Os gusta viajar.

당신들은 독서를 좋아합니다.
Les gusta leer los libros.

너는 무엇을 좋아하니?
¿Qué te gusta?

나는 과일들 중에서 포도를 좋아해.
너는 무엇을 좋아하니?
Me gustan mucho las uvas entre varias frutas. ¿Qué te gusta?

❷
나는 우리 집으로 갑니다.
Yo voy a mi casa.

너는 은행에 간다.
Tú vas al banco.

그는 교회에 갑니다.
Él va a la iglesia.

우리는 식당에 갑니다.
Nosotros vamos al restaurante.

너희들은 축구장에 간다.
Vosotros vais al campo de fútbol.

여러분들은 모두 함께 갑니다.
Ustedes van juntos.

나는 바다에 가는 게 좋아.
Me gusta ir al mar.

수영을 좋아하거든.
Me gusta nadar.

너 수영 좋아하니?
¿Te gusta nadar?

019 
나는 바다에 가고 싶어.
Quiero ir al mar.

❶
나는 영어를 할 줄 압니다.
Yo puedo hablar inglés.

나는 스페인어를 합니다.
Yo hablo español.

나는 스페인어를 할 줄 압니다.
Yo puedo hablar español.

나는 스페인어를 해야 합니다.
Yo debo hablar español.

나는 스페인어를 하고 싶습니다.
Yo quiero hablar español.

❷
마드리드 행 비행기가 출발했다.
Ha partido el avión para Madrid.

소녀들이 카페테리아에서 나왔다.
Las chicas han salido de la cafetería.

그녀는 스페인을 여행하고 있다.
Ella está viajando por España.

우리는 컴퓨터 게임을 하고 있습니다.
Nosotros estamos haciendo el juego de Internet.

사무실은 비서에 의해 꾸며진다.
La oficina es decorada por la secretaría.

꽃병은 아이들에 의해 깨진다.
El florero es roto por los niños.

나는 바다에 가고 싶어. **Quiero ir al mar.**

020 

나는 바다에 갈 거야.
Voy a ir al mar.

❶

나는 커피를 마실 것입니다.
Yo voy a tomar el café.

너는 공부를 열심히 할 것이다.
Tú vas a estudiar mucho.

마리아는 오빠와 함께 노래 부를 것이다.
María va a cantar con su hermano mayor.

우리는 함께 춤출 것입니다.
Nosotros vamos a bailar juntos.

나의 부모님은 스페인에 갈 것입니다.
Mis padres van a ir a España.

당신은 이 스페인 소설책을 번역하실 겁니까?
¿Usted va a traducir esta novela española?

네. 나는 그것을 번역할 겁니다.
Sí. Yo voy a traducirla.

❷

나는 저녁식사 준비를 해야합니다.
Yo tengo que preparar la cena.

너는 이 책을 읽어야 한다.
Tu tienes que leer este libro.

수진은 스페인어를 배워야 합니다.
Sujin tiene que aprender el español.

너와 나는 마드리드 행 비행기를 타야 한다.
Tú y yo tenemos que tomar el avión para Madrid.

너희들은 그 섬까지 헤엄쳐 가야 한다.
Vosotros tenéis que nadar hasta esa isla.

간호사들은 그 고아들을 보살펴야 합니다.
Las enfermeras tienen que cuidar esos huérfanos.

❸

노인들을 공경해야 합니다.
Hay que respetar a los ancianos.

젊은이들은 노인들을 공경해야 합니다.
Los jovenes tienen que respetar a los ancianos.

침묵을 지켜야 합니다.
Hay que guardar silencio.

모두들 침묵을 지켜야 합니다.
Todos tienen que guardar silencio.

네가 그 문제를 해결하기 위해 이웃들하고 대화를 나눌 필요는 없다.
No tienes que conversar con los vecinos para solucionar el problema.

우리가 그토록 긴장할 필요는 없다.
No tenemos que ser tan nerviosos.

❹

나는 바다에 갈 거야.
Voy a ir al mar.

해변에서 사진을 한 장 찍어야 해.
Tengo que sacar una foto en la playa.

021 

너와 나는...
Tú y yo …

❶

후안과 마리아는 남매입니다.
Juan y María son hermanos.

그 여자는 키가 크고 예쁩니다.
Ella es alta y guapa.

나는 스페인어를 할 수 있고,
그 여자는 한국어를 할 줄 압니다.
**Yo puedo hablar español,
y ella puede hablar coreano.**

너는 서울로 가니, 아니면 부산으로 가니?
¿Vas a Seúl o Pusan?

그녀가 커피를 마시고 싶어합니까,
콜라를 마시고 싶어합니까?
¿Ella quiere tomar café o Coca-cola?

우리 이모들은 일주일에 두세 번 시장에 가신다.
**Mis tías van al mercado 2 ó 3 veces
por semana.**

❷

너는 운전할 줄 알지만, 나는 운전할 줄 몰라.
**Tú puedes conducir el coche pero yo
no puedo conducir el coche.**

나는 공부를 많이 했지만
좋은 성적을 거두지 못했다.
**He estudiado mucho, pero no he
ganado buenas notas.**

그들은 서로 사랑하지만 결혼할 수 없다.
**Ellos se aman, pero no pueden
casarse.**

나는 그 곳에 갈 수 없어, 왜냐하면 지금 바쁘거든.
**No puedo ir allí, porque no estoy
libre ahora.**

나는 아프기 때문에 병원에 간다.
**Voy al hospital porque estoy
enfermo(a).**

나는 친구가 많기 때문에 외롭지 않다.
**Porque tengo muchos amigos,
no soy solitario(a).**

❸

1	uno	2	dos
3	tres	4	cuatro
5	cinco	6	seis
7	siete	8	ocho
9	nueve	10	diez
11	once	12	doce
13	trece	14	catorce
15	quince	16	dieciseis
17	diecisiete	18	dieciocho
19	diecinueve	20	veinte
21	veintiuno	22	veintidós
23	veintitrés	24	veinticuatro
25	veinticinco	26	veintiséis
27	veintisiete	28	veintiocho
29	veintinueve	30	treinta

❹

40	cuarenta	50	cincuenta
60	sesenta	70	setenta

80	ochenta	90	noventa

31 treinta y uno
32 treinta y dos
33 treinta y tres
41 cuarenta y uno
42 cuarenta y dos
58 cincuenta y ocho
76 setenta y seis
99 noventa y nueve

❺

200 doscientos
300 trescientos
400 cuatrocientos
500 quinientos
600 seiscientos
700 setecientos
800 ochocientos
900 novecientos
1,000 mil

❻

789 setecientos ochenta y nueve
815 ochocientos quince
1.588 mil quinientos ochenta y ocho
2,5
3,28

022  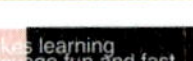

오늘 날씨가 어때요?
¿Qué tiempo hace hoy?

❶

지금 몇 시입니까?　¿Qué hora es?

지금 몇 시입니까?　¿Qué horas son?

1시입니다.　　　　Es la una.

일곱 시입니다.　　Son las 7 (siete).

기차는 몇 시에 도착합니까?
¿A qué hora llega el tren?

몇 시에 점심식사 할까?
¿A qué hora comemos?

2시에 먹어.
Comemos a las 2 (dos).

❷

오전 9시
las nueve de la mañana

오전 11시
las once de la mañana

낮 12시
las doce de la mañana

오후 5시 30분
las cinco y treinta de la tarde

오후 9시 20분
las nueve y veinte de la tarde

밤 11시 23분
las once y veintitrés de la noche

❸

오늘 날씨가 어때요?
¿Qué tiempo hace hoy?

날씨가 좋습니다.
Hace buen tiempo.

날씨가 나쁩니다.
Hace mal tiempo.

해가 납니다.
Hace sol.

구름이 끼었습니다.
Hace nublado.

춥습니다.
Hace frío.

덥습니다.
Hace calor.

❹
내일은 비가 많이 올 겁니다.
Mañana llueve mucho.

오늘은 눈이 많이 내립니다.
Hoy nieva mucho.

❷
당신은 몇 살입니까?
¿Cuántos años tiene?

나는 서른 다섯 살입니다.
Tengo treinta y cinco años.

❸
나는 배가 고프다.
Tengo hambre.

나는 목이 말라요.
Tengo sed.

나는 춥습니다.
Tengo frío.

머리가 아파요.
Tengo dolor de cabeza.

023

배고파요!
Tengo hambre.

❶
나는 책을 세 권 갖고 있다.
Yo tengo tres libros.

너는 형제가 많다.
Tú tienes muchos hermanos.

내 할아버지는 연세가 여든이시다.
Mi abuelo tiene 80 años.

너는 돈이 많다.
Tú tienes mucho dinero.

저녁 한턱 쏘지 그래?
¿Por qué no me invitas a la cena?

024

네가 그 여자보다 더 예뻐.
Tú eres más bonita que ella.

❶
그녀는 예쁘다.
Ella es bonita.

네가 그녀보다 더 예쁘다.
Tú eres más bonita que ella.

너는 영리해.
Tú eres inteligente.

네 여동생은 너보다 더 영리해.
Tu hermana es más inteligente que tú.

그녀는 돈이 별로 없습니다.
Ella tiene poco dinero.

나는 그녀보다 더 돈이 없습니다.
Yo tengo menos dinero que ella.

당신은 늦게 잡니다.
Usted se acuesta tarde.

나는 당신보다 더 늦게 잡니다.
Yo me acuesto más tarde que usted.

❷

그녀는 예쁘다.　　**Ella es bonita.**

네가 그녀보다 더 예쁘다.
Tú eres más bonita que ella.

네가 내 친구 중에서 제일 예쁘다.
Tú eres la más bonita entre mis amigas.

네가 학생들 중에서 제일 상냥하구나.
Tú eres el más simpático entre los estudiantes.

당신이 여자들 중에서 가장 덜 뚱뚱합니다.
Usted es la menos gorda entre las chicas.

❸

라울은 모든 축구선수들 중에 최고의 선수입니다.
Raúl es el mejor futbolista entre todos.

마리아가 너보다 나이가 더 많다.
María es mayor que tú.

내 자동차가 네 자동차보다 더 작다.
Mi coche es más pequeño que tu coche.

025

나는 어제 영화관에 갔습니다.
Yo fui al cine ayer.

❶

나는 오늘 다섯 시에 왔습니다.
Yo vine hoy a las cinco.

너는 어제 무엇을 했니?
¿Qué hiciste ayer?

나는 어제 친구들과 함께 영화관에 갔어.
Yo fui al cine ayer con mis amigos.

❷

나는 전에 부산에 살았습니다.
Antes yo vivía en Pusan.

토요일마다 우리는 영화관에 가곤 했습니다.
Todos los sábados íbamos al cine.

아주 캄캄한 밤이었습니다.
Era la noche muy oscura.

❸

내가 스페인에 갔을 때는 스물 다섯 살이었습니다.
Cuando fui a España, tenía veinticinco años.

어머니께서 집에 들어오셨을 때,
나는 텔레비전을 보고 있었다.
Cuando mi mamá entró en la casa, yo veía la televisión.

나는 어제 영화관에 갔었어.
Yo fui al cine ayer.

026

너에게 편지를 쓸 거야.
Te escribiré una carta.

❶

우리는 기차를 탑니다.
Nosotros tomamos el tren.

우리는 내일 아침에 기차를 탈 것입니다.
Nosotros tomaremos el tren mañana por la mañana.

나는 엄마와 함께 빵을 먹습니다.
Yo como pan con mi mamá.

오늘 오후에 나는 엄마와 함께 테라스에서 빵을 먹을 것입니다.
Esta tarde yo comeré pan con mi mamá en la terraza.

당신은 혼자 삽니다.　**Usted vive solo.**

당신은 내년에는 가족들과 함께 살 것입니다.
Usted vivirá con su familia el año próximo.

❷

오늘 밤 나는 내 스페인 친구들과 함께 극장에 가.
Esta noche voy al cine con mis amigos españoles.

오늘 밤 나는 내 스페인 친구들과 함께 극장에 갈 거야.
Esta noche voy a ir al cine con mis amigos españoles.

너에게 편지를 쓸 거야.
Te escribiré una carta.

너희들이 보고 싶을 거야.
Os echaré de menos.

027

다시 만날 수 있기를 바랍니다.
Espero que nos veamos de nuevo.

❶

나는 네가 이 편지를 내게 읽어주길 바란다.
Yo espero que tú me leas esta carta.

나는 그가 내일 오기를 바란다.
Yo quiero que él venga mañana.

나는 후안이 위원회 의장이 될 수 있으리라 믿지 않는다.
No creo que Juan pueda ser el presidente del comité.

나는 그들이 제 시간에 도착하리라고 확신하지 않는다.
No estoy seguro(a) de que ellos lleguen a tiempo.

❷

나는 네게 강의실에서 담배 피우는 것을 금지한다.
Te prohibo que fumes en la clase.

여러분들이 지금 당장 스페인어 공부를 끝마치는 것을 허락합니다.
Les permito que terminen el estudio de español ahora mismo.

이번 방학 동안에 너를 방문하지 못한다는 게 안타깝다.
Lamento que no pueda visitarte durante estas vacaciones.

나는 네가 스페인어를 통달했다니 기쁘다.
Me alegro de que tú domines el español.

❸
나는 여러분들이 그 점을 잊지 마시길 바랍니다.
Espero que ustedes no lo olviden.

다시 만날 수 있기를 바랍니다.
Espero que nos veamos de nuevo.

그에게 오전에 오라고 시켰다.
Le mandé que viniera por la mañana.

너는 네 동생이 스페인에 가기를 원했었다.
Tú querías que tu hermano fuera a España.

028

이리 오세요!
Venga acá, por favor.

❶
이리 와!
¡Por favor, ven acá!

나가주세요!
¡Por favor, salga!

문 좀 열어주세요!
¡Por favor, abra la puerta!

드세요! 잡수세요!
¡Por favor, coma!

가져가세요!
¡Por favor, tome!

말해주세요!
¡Por favor, diga!

여기에 써주세요!
¡Por favor, escriba aquí!

저기에 멈춰 서세요!
¡Por favor, deténgase allí!

❷
식사합시다!
¡Vamos a comer!

노래 부릅시다!
¡Vamos a cantar!

여기에 씁시다!
¡Vamos a escribir aquí!

저기에 멈춰 섭시다!
¡Vamos a detenernos allí!

❸

입구	**Entrada**
출구	**Salida**
출입금지	**Prohibido entrar**
출입금지	**No entrar**
금연	**Prohibido fumar**
금연	**No fumar**
경고	**Advertencia**
위험	**Peligro**
영업중	**Abierta**
폐점	**Cerrada**